# 3分鐘消滅煩惱、改變人生的「信念破除」法！

栗山葉湖

# 序章

每個人都有煩躁、焦慮、鬱悶的時候。
譬如在人滿為患的電車上遭人推擠，氣急敗壞！
突然對未來感到惶恐不安，憂心忡忡！
因工作上的疏失慘遭上司訓斥，鬱鬱寡歡……

如果我說，有一套方法能瞬間橫掃這些討人厭的情緒，你相信嗎？
而且，排解這些情緒之後，你將能活出自我，吸引嚮往的願景來到現實生活——你難道不興奮嗎？

忘記先向各位自我介紹了，我叫做栗山葉湖。
迄今，我幫助過許多人破除心裡的限制性信念，迎向他們「潛意識」所嚮往的、真正屬於他們的人生。

如今，包含我在內，有愈來愈多人學會擺脫限制性信念，總計約有超過十萬人切身體驗過這套「信念破除術」。

每個人在親身體驗後，都嘖嘖稱奇：

「煩躁竟奇蹟似地消失了！」

「我忽然不再感到焦慮了。」

「夢想竟悄然成真！」

「夢寐以求的願望終能如願以償。」

也許你會認為：

**「擺脫焦躁與實現願景，根本八竿子打不著吧？」**

其實，這兩者息息相關。

運用書中介紹的「技法」後，你將會發現，煩躁焦慮的人反而更能吸引理想的願景來到現實生活。

**這是一套我本人開發的「技法」，稱做「3分鐘破除一則限制性信念 Mind Block Buster（註：Mind Block Buster（マインドブロックバスター）已註冊商標）」，以下將簡稱為Mind Block Buster。**

Mind Block Buster是由畢業於「Mind Block Buster培訓講座」的療癒師與客人採一對一方式進行的一套療癒法，如今，此講座已培育出超過一萬名療癒師（這套技法和從此講座畢業的療癒師，皆稱做Mind Block Bustar）。

不過，各位不用一開始就以成為療癒師為目標。

多數人都是先以客人的身分實際體驗過後，發現效果驚為天人，才來報名參加培訓講座的。

由此可見，Mind Block Buster有多厲害了吧！

**其實，我們也能獨立執行Mind Block Buster。本書所介紹的「信念破除術」，即是由Mind Block Buster簡化而來，能夠獨自操作的一套伎倆。**

方法並不困難，任何人於何時何地都能輕鬆執行。

我和每位Mind Block Bustar的療癒師天天都會執行這套信念破除術，並藉此過著悠然自得的生活。

起初，每位療癒師都是容易煩躁、焦慮和鬱悶的人，也對人生抱有諸多不滿。當然，我也是。

大學畢業後，我從事了二十年的教職，並同時拉拔家裡的三名兒子長大。

每天，我不僅得在學校承受四面八方的壓力，回家後還要訓斥調皮搗蛋的兒子。不只時常被日常瑣事搞得心煩意亂，還完完全全忽略了自我，天天厭惡著自己。然而，自從我開始執行信念破除術後，我的生活產生了極大的改變——

- 煩躁、焦慮的情緒頓時煙消雲散
- 開始能夠隨心所欲從事喜歡的事情
- 去了好幾趟憧憬的夏威夷
- 丈夫開始幫忙分擔家事，夫妻生活和樂融融
- 開始著手從事起能夠造福他人的工作
- 以嚮往的工作方式賺取了出乎意料的高收入
- 意外擁有了一間獨棟透天厝
- 獲得了邁向理想人生的自信

不只是我，有許多人都透過信念破除術大幅扭轉人生。有位原先擁有容貌焦慮的女性，因此實現了演員夢；某位社長因此讓自己的公司成功上市；有人因罹病而跌入人生低谷，卻藉此重拾健康人生，展開嚮往的事業，精彩地度過每一天……例子實在是不勝枚舉。

或許有人在聽完以上這番話，依然會覺得破除限制性信念難如登天。

**其實……破除限制性信念簡單到令人發笑。**

你無須深究煩悶情緒的根源、無須窺視內心深處、無須尋覓創傷的源頭、無須特意寫下筆記，無須任何繁瑣的功夫。事實上，這般「高昂的鬥志」反而會成為破除限制性信念的絆腳石。

**無論身處何時何地都不要緊，就算毫無動力也沒關係。**

**只要持續執行，每個人都能迎向理想的人生。**

即便你現在仍舊半信半疑也無妨，請繼續閱讀下去，你將會逐漸明白：「原來這麼簡單！」、「原來我也能做到！」、「日子真的因此有所不同！」。

破除限制性信念就像是一場冒險旅程。

就讓我們一同啟程迎向嶄新的世界吧！

栗山葉湖

Contents

Chapter 3

# 《著手操作》實踐「信念破除術」的四大步驟

Chapter
4
## 請謹記！「信念破除術」的八大要點



Chapter
5
## 擺脫「阻礙夢想的限制性信念」！

## Chapter 6

# 擺脫「金錢方面的限制性信念」！

Chapter

1

# 何謂「限制性信念」？

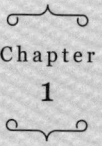

# 「信念破除術」有何功效？

你是否聽過「限制性信念」呢？

「是內心深處的負面情緒嗎？」

「是類似過往創傷之類的東西吧？」

想必每個人都對這個詞彙抱有各式不同的看法。

**其實，限制性信念是指烙印於你「潛意識」裡的「固有思維」，影響著我們每天的行動與情緒，**並非特指負面情緒或是過往創傷。

每個人肯定都有限制性信念，而這股限制性信念，影響著我們的人際關係、感情、工作，以及金錢等形形色色的人生面向。

此章的後半段將會針對限制性信念進行更深入的講解。首先，我們先來簡單談談，破除限制性信念後，究竟會發生什麼事呢？

雖然於任何情境之下我們都能執行信念破除術，不過，深陷痛苦、厭惡自我、憤恨他人、焦慮未來等內心充滿負面情緒的時候，更能明白其功效。

因為在面臨這些情境時，如果你懂得運用信念破除術，你將能擺脫苦悶情緒、不再討厭自己、平息內心怒火、消弭惶恐不安，於轉瞬間破涕為笑。

**不只是心情，現實生活也將否極泰來。**

譬如，

「同居的婆婆總是令我倍受煎熬，但某天，她卻說要獨自展開新生活。」

「我終於能踏進夢寐以求的行業，並漸漸學會欣賞自己。」

「令人困擾的上司竟突然調職了！」

你的現實生活將能如你所願。

破除限制性信念後能夠轉變心境或許毋庸置疑，但若說現實生活也能因此撥雲見日，恐怕就令人難以置信。

不過，確實有許多人在和Mind Block Buster的療癒師一同執行信念破除術後，生活柳暗花明，彷彿執行「信念破除術」就是為了要改變現狀一般。

究竟為什麼會發生這些奇蹟呢？

因為執行「信念破除術」能夠靠近「潛意識」。

**執行信念破除術能夠改變潛意識。**

**而只要改變潛意識，就能改變現實。**

想必你肯定會覺得荒謬至極，所以接下來，就讓我來稍微談談何謂「潛意識」吧！

我們內心的意識一共可以分為——能夠察覺到的「顯意識」，以及無法察覺到的「潛意識」。潛意識占了人類整體意識90％以上，對我們的行動產生無以計量的影響。

當你做出連自己都倍感疑惑的舉動，或是腦海下意識冒出連自己也無法理解的想法時，也許正是「潛意識」在作祟。

因此，只要了解自己的潛意識，就能夠明白自己做出某些決定的原因，以及冒出某些想法的緣由……不過，要了解自己的潛意識十分困難。

**因為我們無法以明確的文字描繪潛意識。**

舉例而言，早上起床時，「好想睡」、「好疲倦」、「昨天晚上熬到太晚了！」、「今天一定要早點睡！」、「啊！已經這個時候了！」等等腦袋冒出的聲音，全都出自於「顯意識」，而「潛意識」的聲音則無法用言語闡述。硬要說的話，有點接近於毛躁感。

只有「能夠察覺到的事物」才得以用語彙描述。因此，無法察覺到的「潛意識」並無法用言語描繪。這點十分重要，請各位謹記在心。

## 為何使用「吸引力法則」仍無法招致好運？

我們無法用文字描繪潛意識。

因此，在執行「肯定句冥想」時，我們也必須多加留意。

突然提及肯定句冥想，大家或許會有些詫異。

所謂的肯定句冥想，指的是反覆運用正面的語句肯定自己，藉此影響潛意識的一種療癒法。譬如：

「我正做著夢寐以求的工作，過上富饒豐足的生活。」
「我被心愛的人疼愛著，生活幸福洋溢。」

只要像這樣以肯定句或現在進行式描繪「理想中的自己」，將自己渴望的模樣植入潛意識，便能心想事成。不過，就根本而言，「文字」只能傳達至「顯意識」，並無法深入潛意識。同理，「吸引力法則」也具有相似的侷限性。

近年來，吸引力法則倍受熱議，相信許多人都略有耳聞。簡而言之，吸引力法則主張：「正向思考能吸引好運，負面思考則會招來霉運」。運用吸引力法則實現願望的過程，又稱做「顯化」。

做法和肯定句冥想類似，先利用現在進行式或現在完成式描述夢想，再具體想像實現夢想後的情景，讓自己徹底沉浸在夢想成真的喜悅之中。如此一來，便能改變潛意識，吸引好事發生。

**關鍵不僅在於使用正向的言語，更在於「感受夢想成真時的滋味」，懷有這份難以言喻的感覺才能真正深入「潛意識」。**

能毫無懷疑、徹底相信夢想已然成真，並沉醉於該份喜悅之中的人，才有機會讓「吸引力法則」見效。有些人的夢想真的藉此悄然實現，有些人的未來雖然與原先的理想有些差距，卻也仍品嘗到了夢寐以求的滋味。

然而，其實有許多人無法成功發揮吸引力法則，甚至可以說絕大多數的人都是如此，搞不好只有一成的人能成功讓吸引力法則奏效，這究竟是為什麼呢？

**因為絕大多數人的潛意識裡都存有限制性信念。**

一旦懷有限制性信念，即便在進行肯定句冥想時想著：「我正透過喜歡的工作賺取大量財富，並在一間豪華大廈裡與愛人幸福快樂地生活著。」期望藉此吸引好事發生，心頭仍會湧現一股毛躁感。

若要用言語形容這股毛躁感，大概會像是：

「雖然口中這麼說，但我也根本沒成為一名大富翁」、

「總覺得有些不切實際」、

「我真的渴望這樣的生活嗎？」等諸如此類的感受。

**這股毛躁感即為限制性信念。**

雖然稱為毛躁感，但這份存於潛意識的感受其實無法用言語描述，大多數人也無法察覺。

而多數渴望實行吸引力法則卻不見成效的人，可以說是因為這股限制性信念在從中作祟，才會失敗連連。

**事實上，大多數的渴望在潛意識中都會被轉譯為「現在未能如願以償」。**

就像已經居住在夏威夷的人並不會期許自己能住在夏威夷，已婚的人也不會渴望結婚。愈是期盼，愈是讓潛意識清楚明白自己尚未實現心願。

舉例而言，真正能夠入住馬爾地夫麗思卡爾頓酒店的人，肯定是先查找行事曆上的空檔，安排時間入住。但只是渴望入住的人，在看到房價的那一刻，便會因為過於昂貴而打退堂鼓，有時甚至不會意識到自己擁有這樣的想法。

當你希冀前往某處、渴望達成某事時，其實都是在告訴潛意識「自己現在未能如願」。當你嚮往進入某間公司工作、與某人結婚、過上夢寐以求的生活時，其實都是在告訴內心這些願景「不可能實現」。

**因此，愈是渴求，愈會加深自己「辦不到」的念頭，限制性信念也就愈加根深蒂固。**

或許你會疑惑：「若真如此，吸引力法則哪能奏效？」

**別擔心！**
**只須在執行吸引力法則的同時實施信念破除術，就能成功實現願景。**

舉例而言，每當你在心中默念：「我正透過喜歡的工作賺取大量財富，並在一間豪華大廈裡與愛人幸福快樂地生活著。」藉此吸引願景化為現實的同時，透過信念破除術，破除煩悶感（「自己絕對無法辦到」的感受）背後的限制性信念，就能如願以償。

## 限制性信念往往無法用言語描繪

愈是渴望達成心願，潛意識就愈容易湧現「自己絕對辦不到」的負面想法，限制性信念也就愈加根深蒂固，因此，我們必須實行「信念破除術」。

不知道各位是否能夠理解目前為止的內容呢？

或許你會認為：「只要反覆催眠自己的潛意識：『我絕對可以辦到』，就能化解問題了，對吧？」其實，反覆催眠潛意識並沒有用。

**因為限制性信念無法用言語描繪。**

前文提及，我們無法用言語闡述潛意識的內容，同樣地，限制性信念也無法用言語描繪。我將試著在本章中整理出大家容易對限制性信念產生的幾點誤解。

對限制性信念的誤解①

## 限制性信念等同於負面思維

由於限制性信念存在於潛意識裡，因此無法用言語描繪。所以，大家容易將具體的「想法」誤以為是限制性信念。譬如：

「因為我有『絕對不可能受人歡迎』的限制性信念」、

「因為我有『成為有錢人只是癡人說夢』的限制性信念」，

其實這樣的說法並不正確。

由於我們能用言語表達「我絕對不可能受人歡迎」、「成為有錢人只是癡人說夢」，所以這是顯意識內的想法。而限制性信念存在於潛意識裡，所以我們根本就不可能知道自己擁有哪些限制性信念，也絕對無法用言語釐清。

**然而，限制性信念的影響力仍然不容小覷。雖然我們無法用言語描繪它，但**

**只要它存在，就會影響我們的思緒。**

因此方才舉的兩個例子：「絕對不可能受人歡迎」、「成為有錢人只是癡人說夢」並非限制性信念，而是由限制性信念產生的「想法」。簡單做個統整——

**限制性信念（無法用言語描繪）**

**↑**

**想法（「絕對不可能受人歡迎」、「成為有錢人只是癡人說夢」）**

**↑**

**行動與事實（「對談戀愛消極」、「無法吸引富足生活」）**

儘管限制性信念無法用言語描述，卻仍影響著我們每個人的日常生活。

舉例而言，大多數女生被親戚間的婆婆媽媽勸說：「○○，妳已屆適婚年齡了，不趕快結婚不行！」時，肯定會在心裡反駁：「結不結婚是我個人的自由！」、

「什麼叫適婚年齡，現在有許多人超過30歲依然單身好嗎？」

但其實，對方並不是有意要說出失禮的話，單純只是她認為：「超過30歲還不結婚不大恰當」而已。因為她擁有「女生必須在30歲前結婚」的成見，而這道成見的深處藏有限制性信念，所以才會下意識說出這種話。

**限制性信念（無法用言語描繪）**

**←**

**想法（「女生必須在30歲前結婚」）**

**←**

**行動與事實（向親戚的小孩說：「不結婚不行」）**

所有的「行動與事實」肯定都有「想法」在背後驅動，而「想法」的深處皆藏有限制性信念。各位是否理解了呢？

# 「探究自己的限制性信念」毫無意義

我想不少人都有以下這樣的誤解。

**對限制性信念的誤解②**

## 若不釐清自己的限制性信念為何，就無法破除

「究竟是什麼限制性信念讓我產生這則想法呢？」
「究竟是因為自我肯定力不足，還是童年的創傷導致的呢？」

我想應該有許多人想要試圖去探究自己的限制性信念，不過，正如同序章中

所言——

**我們無須深究自己的限制性信念。**

正因為限制性信念無法用言語描繪，所以無法深入考究。因此，在執行信念破除術時，無須特意鑽研分析自己的限制性信念。既然如此，也表示在過程之中，我們不會用到「文字」。

**那麼，究竟該怎麼做呢？**

**我們需要運用「圖像」。**

**圖像才能幫助我們連結無法用言語描繪的「潛意識」。**

信念破除術的詳細做法將在第三章詳細說明，接下來就讓我們繼續看看大眾對限制性信念還有哪些誤解吧！

## 對限制性信念的誤解③

## 破除一次便一勞永逸

只要破除心底的限制性信念，就能如同推骨牌一樣，未來一切風雨無阻，世界從此五彩繽紛……

若你懷有這樣的想法，很抱歉，這是誤解！

我們心底可是藏有數以萬計的限制性信念，時時刻刻影響著我們的一舉一動。或許你會認為，開朗的人大概不會懷有限制性信念，其實正好相反，他們反而會為了不造成別人的困擾，嚴加注意自己的行為舉止。

這同樣也是讓限制性信念掌控著自己的人生。

雖說飽受艱辛時，或是擁有渴望的願景時，我們可以執行信念破除術，來排解情緒、實現夢想。

**但我們的目標並不是立志擺脫所有的限制性信念。**

只要活在這世上，就一定會有限制性信念。

大多數人往往會認為，「限制性信念」一定就是負面思維，然而，「我很開心」、「我很感動」等正面情緒的其實也是源自於某種限制性信念。

把破除限制性信念想像成「擺脫根深蒂固的負面思想」或許較容易理解，不過「心如止水」其實才是完全擺脫限制性信念的狀態。無論是好心情，或是興高采烈，其實都是某種限制性信念引發的心情波動。

**擁有限制性信念是理所當然的一件事。**

**所以只需在感覺自己遭到限制性信念牽制時，立即破除它即可。**

希望各位都能保持這樣的心態。

## 「潛意識」肯定希望你幸福

相信各位已經逐漸明白何謂限制性信念了。只要破除限制性信念，就能讓你遠離日常的煩躁情緒，實現美好願景。不過，大家或許還是會對這個說法抱持著某些疑問。

**為何執行信念破除術，破除限制性信念，能夠實現心願呢？**

對耶！我確實還沒向各位解釋這其中的原委。

不過，請回顧第18頁。

**執行信念破除術能夠改變潛意識。**
**而只要改變潛意識，就能改變現實。**

沒錯，「潛意識」能夠改變現實生活。

或許可以這樣解釋——只要破除限制性信念，「潛意識」就能回歸原始自在的運作狀態。

而潛意識一直都在幫你打造幸福的生活。

潛意識甚至認為真實自在的你更具價值，因此總是不遺餘力地讓你能以真實的自我、自在的心情，過上幸福美滿的日子。

所以，執行信念破除術，連結潛意識後，肯定能實現心願。不僅如此，你甚至還可能於一夕間獲得意想不到的收穫。

譬如，原先只是希望「當名正職員工，過上安定生活」的人在執行信念破除術後，除了能在可以一展長才且喜愛的領域中從事造福他人的工作，因此獲得眾人的賞識與同夥的喜愛，於不知不覺中過上幸福洋溢的人生之外，還可能喜獲升官機會，就此擺脫對未來的不安。

大概就是像這樣的感覺。

是不是覺得潛意識是名好人呢？

它甚至可以稱做是你的加油團隊呢！

**只是，潛意識並不能稱做是「你個人的」加油團隊。**

**因為每個人的潛意識是相互連通的。**

潛意識裡並沒有明確的分界，分隔出每個人各自的領域。這麼說各位大該很難想像。

舉例而言，假設你被另一半甩了，而你極欲想跟對方復合。為此，你開始執行信念破除術，打算破除各種限制性信念。而當你藉此連結潛意識之後，對方或許真的會來與你言和，不過，也有可能你就此明白，跟對方分開反而是好事一樁。又或者，對方將調職海外，你們就此天涯永別，甚至你可能突然間遇見新的夢中情人。

或許你會心想：「我明明是打算跟對方復合的！」但若真的復合，卻天天吵架，又有什麼意義呢？搞不好會飽受對方牽制，又或者老是被對方戴綠帽。

也許「想和對方復合」的心情，不過只是「被甩之後將會孤老終身」、「只有他能帶給我幸福」等由限制性信念衍生的成見所構成的騙局。

若你和對方真的命中注定，並非你自欺欺人，那麼只要執行信念破除術，對方肯定會回到你身邊。因為潛意識會讓你和對方都能以真實自在的模樣享受幸福的人生。你和對方的潛意識是相通的，彼此的潛意識會努力讓雙方都處在最舒適的狀態。

或許你無法在一時半刻就相信這件事情。不過，我將會透過整本書的篇幅向你解釋潛意識的運作模式，所以即便你現在仍倍感疑惑也沒關係。

總之，我想告訴你：「潛意識肯定希望你能幸福。」

**我們只需要破除妨礙潛意識運作的限制性信念就行。**

Chapter

2

# 執行「信念破除術」好處連連！

## 「信念破除術」的功效①

# 遠離煩悶情緒

在實際操作之前，我想先向各位具體說明，執行信念破除術有何功效。

**首先，執行信念破除術將能帶領你擺脫平時煩悶的情緒。**

我仍記得當初第一次執行完後，心情大幅好轉，令我相當驚艷。

不僅如此，就連體驗過Mind Block Buster的客戶也都反饋：

「再也不會對丈夫小孩不耐煩了！」

「工作的壓力竟全都消失殆盡了！」

**之所以會如此，正是因為大部分的煩悶情緒都是由限制性信念所引起。**

舉例而言，你之所以會對丈夫說的話感到厭煩，很有可能只是因為你擁有人際關係方面的限制性信念，而導致「男生個個性格火爆」、「女生必須顧慮男生心情」、「勢不如人只好唯命是從」等內心的成見化為現實。

是否有些難以置信呢？

在此和各位分享一些我的個人經歷。

在我發明信念破除術之前，我是一名教職人員，每天過著焦頭爛額的生活。

此外，我還擁有三名調皮搗蛋的孩子，分別就讀高中、國中及小學。

由於外子同為教職人員，在外工作的我們鮮少在家，因此孩子們都在早上找我們商量事情。只是，這段時間裡，我們的話題大多都圍繞著金錢打轉。

學校社團活動需要〇〇，可不可以給我一些零用錢購買？可不可以幫我繳模擬考費△△元？可以給我午餐錢嗎？補習班的學費繳了嗎？……需要支付的費用數不勝數。

外子成長於富裕的環境，因此總是能心平氣和地看待金錢。而我卻相反，只要有人和我談到金錢，我就會不自覺心浮氣躁。

或許是因為我負責掌管家計，又或許是因為我並非生長於優渥的家庭，導致我擁有許多金錢方面的限制性信念，所以，我每天早上都和孩子們為了金錢爭執不休，就連搭乘電車上班的途中，也遲遲無法平復煩躁的情緒。

當時，我正好習得了一套冥想法，並曾試著在電車上執行，期望藉此改變自己，但由於程序過於複雜，效果十分不彰。

於是，我決定簡化這套方法，並根據自身的狀況進行調整，看看是否能因此成功破除金錢方面的限制性信念。

就在我一邊摸索一邊破除限制性信念的過程中，我和兒子之間的衝突逐漸減少，同時，我也發現自己發明的這套方法似乎卓有成效。就在某天——

**站在超市裡的我著實感覺到了自己的轉變。**

過去的我一旦前往超市特賣會，便會不自覺坐立難安，滿腦子執著買下最划算的商品，不僅常因此購入不必要的廢物，還會強迫家人一同撿便宜。

但在那天，我經過特賣區時，心中毫無波瀾，完全沒有過往那股「錙銖必較」的焦躁感，我甚至能完全無視特賣區的存在。

此時，我發現，我已經成功破除了金錢方面的限制性信念。

**這就是此書想要傳授給各位的「信念破除術」的原型。**

正是因為懷有金錢焦慮，致使我發明了這套技法。我也在反覆地嘗試與修正之中，逐漸將作法確立了下來。

起初，有許多人也都是因為渴望擺脫內心煩悶焦慮的情緒，才前來體驗

Mind Block Buster。儘管有些人在執行完的當下未能望見成效，但幾天後，他們的生活都迎來了轉變，譬如：

「不知不覺間，我竟然不再覺得丈夫說話討人厭了！」

「現在即便和討厭的媽媽友※聊天，也不會感到心煩意亂！」

這是因為有些限制性信念一經破除後，效果立竿見影，有些則需要等待時間醞釀，才得以見效。

※編註：「媽媽友」指透過彼此的孩子而互相認識的媽媽。

## 「信念破除術」的功效②
# 改變生活現狀

有時，執行信念破除術不僅僅是幫助你擺脫煩悶情緒，甚至還能直接改變生活現狀。

譬如，執行信念破除術後，「丈夫將不再說出討人厭的話」，而非你單純不再對丈夫所說的話厭煩；又或者，「討厭的媽媽友就此搬到了遠方」，而非你單純不再厭惡與討人厭的媽媽友聊天。

**也許你會覺得不可思議，但我得說，這全都要歸功於「潛意識」，因為它具有我們無法想像的超能力。**

舉例而言，當你覺得自己似乎來不及搭上電車時，只要執行信念破除術，你就能隨即趕上。

只要透過信念破除術破除「啊！不小心太晚出門了！感覺會搭不上電車！」這則想法背後的限制性信念，當你抵達車站時，便會發現你預計搭乘的電車誤點，你因此能順利搭上。諸如此類的例子不勝枚舉，非常神奇，對吧！

**這樣形容或許能讓各位更加清楚想像——執行信念破除術後，有別於執行前的世界將於你眼前展開。**

不過，內心並不能一直掛念著：「我絕對要趕上電車！」因為愈是強烈期盼，愈是在強化「顯意識」的思想，心願便無法傳達至潛意識。相反地，熟悉信念破除術之後，你自然而然能在抵達月台時碰上電車進站，預定的飯店也會自動幫你升級房間，這都是因為你已經能夠輕鬆連結「潛意識」的關係。

**執行信念破除術後，生活也可能發生意料之外的改變。**

舉例而言，假設你再也受不了丈夫對你頤指氣使，於是決定執行信念破除術。然而在你破除「丈夫的溝通方式令人討厭至極」背後的限制性信念之後，公司竟發表了人事異動，宣布喜愛職權騷擾的上司已被調到遙遠的天涯海角去。

你肯定會想：「明明是為了轉換對丈夫的不爽情緒才執行信念破除術，為什麼最後會是上司調職呢？」

或許，對丈夫的煩躁感只是一道契機，你真正破除的，是「對他人的頤指氣使感到厭煩」這則情緒背後的限制性信念。因此，才改變現實，讓上司從你的生活中消聲滅跡。

然而，在破除限制性信念時，應當避免像這樣深究原因，若不斷用既有的言語思考，就只能連結至「顯意識」而已。

我們本來就不必去思考自己擁有什麼限制性信念。

**只是希望各位能夠謹記，在執行信念破除術，破除討厭情緒背後的限制性信念後，你很有可能得以獲得始料未及的解脫。**

## 「信念破除術」的功效③

# 實現心願

有許多人都透過信念破除術實現心願。

如同我在序章所言，我自己也因此而得以投入嚮往的工作、實現憧憬的海外旅行……藉此美夢成真，大展鴻圖的人不可勝數，甚至也有人就這樣遇見了靈魂伴侶。

舉例而言，曾經有位在企業體就職、直至40幾歲仍舊孜孜不倦的A小姐前來體驗Mind Block Buster。他之所以會來參加，並不是因為想要結婚，也不是想要尋找戀愛對象，而是因為她對現今所處的職場十分不滿，渴望找尋新的工作，若能發現其他天職，也想要放手一搏挑戰看看。然而，她在體驗Mind Block Buster的過程中，卻頻頻強調「自己肯定結不了婚」、「自己絕對交不到男朋友」。

因此，我提議她可以藉此難得的機會，一併破除「交不到男朋友」、「結不了婚」、「缺乏女性魅力」等想法背後的限制性信念。最後，我們也真的針對每一則想法，逐一執行信念破除術。

聽說幾天後，她參加了朋友邀約的酒局。

原先，她並沒有打算從中找尋戀愛對象，單純只是因為想和朋友會面，而且剛好有空，才前去赴約。

不過，當天坐在她對面的男子卻對A小姐一見鍾情，在男子的猛烈追求之下，他們開始交往，一年後結婚。現在，A小姐過著幸福快樂的婚姻生活。

若A小姐沒有執行信念破除術，她將會一直抱持「自己不可能結婚」的成見，也就無法成功吸引與對方相遇的現實事件來到她的生活。

或許，她根本就不會赴約，甚至她的朋友也不會邀約她出席，對方也就不會在酒局中遇見她。

**「潛意識」就是擁有如此強大的力量足以改變現狀。**

而且，還有一點值得留意——A小姐起初並沒有打算結婚。不過，並不是因為她破除了限制性信念，因此發生了意料之外的驚喜。A小姐的內心其實是「渴望結婚」的，只是因為她懷有限制性信念，而她本人並沒有察覺而已。

**信念破除術不僅能幫助你美夢成真，還能協助你實現沒能浮上顯意識、暗藏於潛意識中的心願。**

「信念破除術」的功效④

## 與他人建立舒適的關係

曾經有客戶在體驗Mind Block Buster時，表示希望能藉由信念破除術，實現和某人交往的心願。

但其實，信念破除術難以讓你和指定對象的發展完全如願以償。

如果你是期望「能和帶給自己幸福的人交往」、「與夢中情人結婚」，那使用信念破除術確實能幫助你美夢成真，但若有指定對象，那就又另當別論了。

因為能否和某人交往，最終也是取決於潛意識的引導。執行信念破除術後，或許你能如願與某人交往，但也有可能你們只成為相伴一生的摯友，而非戀人。又或者，你會突然對對方冷感，不再喜歡對方。

**換言之，執行信念破除術是幫助你和對方維持最舒適的距離。**

不只是戀愛關係，人際關係也是。

你會和有緣的人相互吸引，和無緣的人相互排斥。

舉例而言，當你破除「公司的前輩好難相處」這則想法背後的限制性信念後，前輩有可能隨即遭到調職，也有可能成為全公司裡最支持你的人，甚至也有可能毫無改變，但你不再把他放在心上。

執行信念破除術之後，並不一定會得到心目中最期望的結果，但絕對不會讓關係惡化。

因為潛意識知道兩位究竟保持什麼樣的距離，彼此都能最為舒適。

## 「信念破除術」的功效⑤

# 活出自我

執行信念破除術後，你將不再在意他人的眼光，也不會渴望迎合他人。

或許可以說，你能夠「做最真實的自己」。

即便總是勉強配合他人的人，也會停下來思考：「我真心希望如此嗎？」、「會不會我其實非常討厭如此呢？」

**你會發現自己在不知不覺間，活得更為自由自在。**

舉例而言，有一位公務員B女士，身邊的親友都稱羨她擁有一份穩定的工作，但事實上，她待在一個成天收到客訴的單位，身處雙薪家庭的她又必須負擔家事，每天都快被壓力給擊垮。

「好想辭職！但是只要考慮到生活費，就無法果斷離職……總之，得先想點辦法化解這道壓力才行。」抱持這股煩惱的她參與了諸多療癒課程，最後，她來到了敝協會。不過，首次體驗Mind Block Buster時，她倍感疑惑。

閱讀完章節3後，你就能明白為什麼了。每個人在首次執行時，確實都會對這套「信念破除術」感到匪夷所思，因為它簡單得令人難以置信，所有人在一開始都無法相信這竟然能帶來轉變。

不過，執行完信念破除術的B女士，對自身的改變大感吃驚。

舉例而言，現在的她已經能夠瀟灑地告訴丈夫：「我要和朋友去喝一杯，會晚點回家。」以前的她從來不敢如此。

過往，無論朋友怎麼邀約，她都會在和丈夫商量之前就先果斷拒絕，因為她被「不允許自己享樂」、「家有小孩，不方便參與酒局」的思想給束縛住了。但是，在她執行信念破除術以後，她變得能豪爽地說出自己的心願。而且，就連曾經以為絕對不可能允許自己出門的丈夫，也都會愉快地答應，並告訴她：「好好玩！注意安全！」令她大為震驚。

**有人因此活出真實的自我，而也有人是因此能接納真實的他人。**

C女士是一名五歲男孩的媽媽。為了設法改變不時會對孩子感到煩躁的自己，她前來體驗Mind Block Buster。

在和她談話的過程中，我發現C女士的心中有一個明確的「乖小孩樣本」：和朋友相親相愛、溫柔安慰哭泣的同伴、精神奕奕地答覆、迅速完成分內工作。而每當她看到孩子不如內心的「乖小孩樣本」時，就會開始責備自己教育失敗。

不過，在C女士利用信念破除術，一一破除這些煩憂情緒背後的限制性信念後，她開始能明白、接納孩子的個性。同時，她也不再責備自己，反而能開心地養育孩子。孩子看見媽媽如此的轉變之後，也變得愈來愈乖巧聽話。

在利用信念破除術破除「自己應當如此」、「大人／父母應當如此」、「孩子應當如此」等想法背後的限制性信念後，不僅能允許自己活出自我，還能接納他人真實的模樣。

這豈不是能活得更為輕鬆舒適嗎？

這章，我們了解到執行信念破除術能夠引發的變化。

下一章，將介紹各位引頸期盼的「信念破除術」的操作方法。

或許各位可能會因為方法過於簡單而有些意興闌珊，不過，還是請各位著手實行看看吧！

Chapter

3

# 《著手操作》實踐「信念破除術」的四大步驟

# 開始執行「信念破除術」吧！

那麼，就讓我們一起著手執行看看吧！
首先，先簡單介紹一下步驟。
當你想要執行信念破除術時——

**步驟1** **拋開鬥志（放鬆心情）。**

## 步驟 2

提問：「這個限制性信念是什麼？」
（腦中浮現出限制性信念的象徵畫面）。

步驟3

提問：「破除的象徵畫面是什麼？」

（腦中浮現出破除的象徵畫面）。

## 步驟4

# 用「破除的象徵畫面」取代「限制性信念的象徵畫面」。

① 煩躁、鬱悶、憂慮的時候

沒錯，這樣就大功告成了，是不是非常簡單呢？

不必待在特定的地點，也不用特別準備道具，也完全無需朗誦文字，在腦海中就能執行。無論你在搭車或走在街上，隨時隨地都能執行。

起初，你可能會因為方法過於簡單而不安地懷疑：「這樣真的可行嗎？」、「這真的有效嗎？」不過，愈常實行，愈能掌握箇中訣竅。執行信念破除術的次數多寡至關重要，有興趣的話，務必多加實踐看看。

雖說要多加實踐，但肯定有不少人不明白執行的時機。

在Mind Block Buster中，療癒師（Mind Block Buster）會傾聽個案的煩惱和願望，並帶領他們針對每則煩惱與願望逐一執行信念破除術。

但是，獨自執行時，可以隨時隨地、隨心所欲。

譬如以下這些時刻，都很適合執行信念破除術——

例

- 上司的話讓人怒火中燒。
- 丈夫不幫忙做家事，令人煩悶。
- 孩子把自己的話當耳邊風，怒不可遏。
- 男朋友不回 LINE 訊息，焦躁不安。
- 在人滿為患的公車上遭人推擠，煩躁不堪。

## ②有渴望解決的煩惱的時候

例

- 總是不經意在意起他人的眼光。
- 工作勞碌，渴盼離職。
- 老是和丈夫爭執不休。
- 因經濟困窘而焦慮不安。

・相親不順。

### ③期盼心想事成時

例

・希望趕上電車。

・希望發表順利。

・希望瘦下5公斤。

・希望改善和丈夫的關係。

・希望治好慢性疾病。

### ④心中懷有願景的時候

例

- 期盼遇見靈魂伴侶。
- 期盼找到天職，出人頭地。
- 期盼移居海外。
- 期盼家財萬貫。
- 期盼和愛人共組幸福的家庭。

無論是情緒低落、心懷煩惱、抱有憧憬，抑或渴望擺脫煩悶情緒、期待吸引好事發生，任何時刻你都能執行信念破除術，十分方便。

或許有人會疑惑：「若運用信念破除術，破除願望得以成真的信念，最後豈不是無法如願了嗎？」

正如前文所述，內心滿懷渴望時，往往也會伴隨著「不可能達成」的潛在意念，這正是實現願景的一大阻礙。而執行信念破除術能幫助我們擺脫這些阻礙，讓夢想更容易實現。

# 煩躁焦慮之時正是執行的大好時機！

能夠輕鬆執行信念破除術的時機，絕非「抱有負面情緒」時莫屬，若你「突然心浮氣躁」、「心中有股煩悶感」、「忽然悲從中來」……

**表示你的「潛意識裡有限制性信念需要破除」**。

此時，正是執行信念破除術的大好機會，所以，請趕緊把握時機，破除內心的限制性信念。執行信念破除術後，煩躁、鬱悶等令人不悅的情緒，將能化為邁向幸福的關鍵。這樣想，是不是覺得生活輕鬆許多呢？

而且，即便在執行完的當下，心情沒有立即舒坦，只要心想：「我已經透過信念破除術破除限制性信念了，所以不必再執著於這件事情了，把它拋到腦後吧！」肯定也能讓自己放鬆不少。

執行時，請先決定自己想利用「信念破除術」解決哪道問題。

舉例而言，若想解決相親不順的問題，請先想著：「我相親不順」。此時，內心肯定會滿溢諸多情緒——看到周圍的人都準備步入婚姻，內心無比焦急、約相親網站上認識的人出門喝茶聊天，現場卻瀰漫著尷尬氛圍、每當母親打聽相親對象的優劣時，總是不自覺心生惱怒。

若你此時開始深思：

「為什麼我總是無法遇到好對象呢？」

「是不是我的女性魅力太微弱了？還是我標準太高了呢？」

請先讓頭腦暫停一下。

**執行信念破除術時，務必避免深入思考。**

評價自己的情緒、找尋情緒的源頭，只會將自己囚困於顯意識的世界裡。因此，在決定透過信念破除術解決「相親不順」的問題後，請任由情緒自然湧現心頭，避免做出任何評價，隨後開始執行步驟。

想要透過信念破除術實現願景時也是。若你「期盼找到天職，出人頭地」，只需要想著：「我希望透過信念破除術實現夢想」即可。

或許你會擔心：「若利用信念破除術破除『肯定能找到天職，出人頭地』的信念，最終豈不是就找不到天職，也就無法成功了嗎？」

如同前文所述，滿懷願景時，內心同時也會湧現「可能無法實現」的意念。

**就在你「期盼找到天職，出人頭地」的同時，無論你是否有所查覺，內心肯定都會浮現出一股「可能無法實現」的煩悶感。**

若要用言語描述這股煩悶感，大概會像是：「雖說『天生我材必有用』，但搞不好我就是沒用。」、「這把年紀才開啟新事業，根本不可能成功。」等等的感受。

即便這樣的感受真的飄過腦海，也請不要用實際的言語描繪出來，因為深入思考——譬如去探究「干擾這則願望的限制性信念為何」，將會強化顯意識的意念。正因為夢想的背後必定會夾帶這股「煩悶感」，我們實際上要破除的正是這股阻礙夢想實現的限制性信念，所以執行時，腦袋只需想著「期盼找到天職，出人頭地」即可。

就算是稱不上「夢想」的「小小心願」也是。

你不必想得太複雜，譬如在腦海內盤算：「啊～我可能要趕不上電車了～拜託，請讓我搭上這班電車。咦？如果破除『我要搭上這班電車』的信念，最後豈不是搭不上嗎？所以要破除的必須是『可能會趕不上這班電車』這個想法背後的限制性信念才對。」

只需要心想：「我想搭上這班電車」，隨後執行信念破除術即可。

當你能夠靈活運用信念破除術時，將會有許多奇蹟降臨，譬如，你將一路不受紅燈阻撓，奇蹟似地提早抵達車站，雖然電車誤點，但當你抵達月台時，電車卻剛好進站等等。請好好期待吧！

## 步驟① 拋開鬥志

那麼，就讓我針對每個步驟進行更詳盡的說明吧！

**步驟一，拋開鬥志。**

是不是很驚訝呢？明明立下了「破除限制性信念」這則目標，卻說要拋開鬥志，究竟是怎麼一回事？

今天好不容易有機會嘗試「信念破除術」這個新穎的療癒法，想必各位肯定鬥志滿滿吧！

**但其實，「拋開鬥志」正是執行信念破除術時的重要關鍵。**

會這麼說也是因為，我們渴望破除的限制性信念其實存於「潛意識」。

然而，「充滿鬥志」會讓「顯意識」積極運作。因此，一旦懷有鬥志，你和「潛意識」之間便會產生屏障，也就無法順利與之連結。

自古以來，東西方皆有許多連結潛意識的療癒法。大家會為了連結潛意識進行冥想或深呼吸，讓自己保持正念（讓意識集中於當下）。

我曾經學習過許多相當技法，不過，某天我赫然發現：

**「進入深層冥想時的身心狀態，簡單而言，不就是『拋開鬥志』的狀態嗎？」**

比起進行困難的冥想或採取艱難的方式，「拋開鬥志」反而更能輕鬆連結潛意識。

現今擁有Mind Block Buster資格的療癒師，輕輕鬆鬆就能「拋開鬥志」，而能夠輕易拋開鬥志的人，果然也都能靈活運用信念破除術。

**不知道如何拋開鬥志的人，可以嘗試讓自己癱軟無力，或是保持放鬆懶散的狀態。總之，別積極渴望達成某項目標，或有意識地採取某項行動。**

「拋開鬥志」是心靈層面的感受，因此難以用言語說明，但要形容的話，或許就像是「拋下人世」的感覺。

舉例而言，我們可以透過眼睛看見眼前的事物。

就像各位現在正看著這本書的文字一樣。

**而「拋開鬥志」的狀態，就像是將意識從書上稍加退回至自己身上的感覺。**

雖然看著書上的文字，但並非用直接肉眼觀看，而是從更深一層的內在向外觀看。舉例而言，就如同「烏龜把手腳縮回龜殼內」一般，將意識突然拉回自己身上——「拋開鬥志」大概就是這種感覺。

我常形容，這就像是放鬆躺在客廳沙發上的狀態，你並沒有特意去打開電視機，但它依舊在你眼前播放節目，只是你也無意認真欣賞。在拋開鬥志的狀態下，眼前的現實就如同此台電視機裡撥放的內容一般。

對熟練拋開鬥志的人來說，肯定能明白這份感覺。

雖然你的肉體存在於此，但你的意識卻已不在此活動，而是退回到自己身上，或早已集中於自身。

若截至目前為止的內容讓你覺得：「這實在是太難了！我無法拋開鬥志。」請直接略過。

因為當你設法「拋開鬥志」時，就已經燃起鬥志了。

**總而言之，關鍵在於避免「積極採取行動」。**

所以，我想告訴那些認為自己「無法拋開鬥志」的人，其實「懷有鬥志」也無妨，保持此狀態繼續執行信念破除術也沒問題。

畢竟人只要醒著，肯定就會懷有鬥志，要完完全全只專注於潛意識實在是太困難了。

事實上，我們也必須處在「顯意識」和「潛意識」的交界上，才能執行「信念破除術」，所以內心參雜一些顯意識的想法並無大礙，況且，在執行的過程之中，我們自然能調整成近似「放鬆」的狀態。

請先讓自己悠然地沉浸在這股「拋開鬥志」的狀態之後，再執行第二步。

**步驟②**
# 提問：「這個限制性信念是什麼？」

接著，默默在心裡對渴望破除限制性信念的事件提問：「這背後藏著什麼樣的限制性信念呢？」

**此時，腦海肯定會閃現一些想法。請捕捉其中的物品畫面、圖像或影像，而非文字。**

起初可能容易浮現出文字，這相當正常。

我能理解，當你提出這道問題時，腦海容易冒出文字化的想法，例如：「應該和被前男友甩時留下的創傷有關」、「應該是因為缺乏自信」等。若真如此，請務必從頭來過。

請盡可能「拋開鬥志」，再試一次。

舉例而言，假設你因為朋友刺耳地挖苦你：「最近是否發胖了？吃那麼多，又沒在運動。」而怒火中燒。於是，你向這股情緒提問：「這背後藏著什麼樣的限制性信念呢？」

**此時，腦海是否立刻浮現出一些畫面了呢？如果有的話，請捕捉下來。**

你的腦海可能會毫無邏輯地冒出午餐吃的義大利麵，或者開罐器、警車、衝浪板等的物品。

**事實上，毫無邏輯並無大礙，甚至這樣反而更好。**

**因為這樣子才能更接近「潛意識」。**

若浮現出有關聯的畫面，譬如聯想到朋友的包包也完全沒問題。

如果腦海未能浮現任何畫面，請直接捕捉眼前的物品。即便是眼前的馬克杯、筆筒、月曆也沒關係，請不假思索地、反射性地選定一樣物品。請盡量避免受到顯意識的影響，你可以先閉上眼睛，並挑選睜開後第一個映入眼簾的物品。

**關鍵在於捕捉畫面。而此畫面並不限於物品。**

你有可能會反射性聯想到「一幅場景」，譬如某位認識的人正在跑步的畫面、某人正在運動的情景，或是某人在咖啡廳喝茶的景象。又或者，你的腦海可能會莫名其妙冒出「黃色」、「綠松色」等顏色。

請先把這些浮現於腦海的圖像和影像擱置在頭腦的一角，接著進入步驟三。

步驟③

## 提問：「破除的象徵畫面是什麼？」

將「限制性信念的象徵畫面」先擱置在頭腦的一角後，請接著詢問自己：「破除的象徵畫面為何？」此時，腦袋肯定也會冒出圖像或影像，請試著同樣捕捉下來。

**有一點希望各位能夠釐清——「限制性信念的象徵畫面」不一定得和「破除的象徵畫面」相互衝突。**

舉例而言，若限制性信念的象徵畫面是「鉛筆」，破除的象徵畫面不一定要是「橡皮擦」；若限制性信念的象徵畫面是「深鎖的鐵門」，破除的象徵畫面不一定得是「門緩緩打開的模樣」，兩者之間不一定要有關。

**就和限制性信念的象徵畫面一樣，破除的象徵畫面毫無邏輯可言也無妨。**

譬如，限制性信念的象徵畫面是蛇，破除的象徵畫面是饅頭；限制性信念的象徵畫面是積雨雲於天空擴張的景象，破除的象徵畫面是辦公室電話響起的場景。你的腦海可能會浮現毫無道理可言的組合，而這正是你連上潛意識的證據。

另外，限制性信念的象徵畫面不一定得帶有負面含意，破除的象徵畫面也不一定得擁有正面意義。有可能限制性信念的象徵畫面是向日葵，破除的象徵畫面卻為垃圾桶。

然而，肯定會有人讀完這些內容後，在腦袋浮現富含邏輯的象徵畫面時急於改正，其實沒有必要如此。

**即便擁有邏輯也沒關係。**

請不要認為：「肯定是顯意識在攪局，限制性信念的象徵畫面才會是蘿蔔，而破除的象徵畫面是有紅蘿蔔，兩者互有關聯。」

**請避免追求滿分或正解**。

執行信念破除術的益處絕對遠勝於不執行，所以，即使這套方法讓人有些難以信服，仍希望各位能多加實踐。就根本而言，人只有在睡夢中才能百分之百連結潛意識，只要醒著，顯意識就一定會活動，但我們仍有方法能夠接近潛意識，也就是前文所提到的「拋開鬥志」。

**請讓自己放輕鬆，不假思索地捕捉浮現於腦海的畫面。**

**若腦袋沒有任何畫面浮現，就適切地選擇眼前的物品。**

希望各位都能藉此捕捉到破除的象徵畫面。

## 步驟④ 用「破除的象徵畫面」取代「限制性信念的象徵畫面」

當腦海透過步驟三浮現出「破除的象徵畫面」後，請直接在腦海中以此取代掉「限制性信念的象徵畫面」。取代方法自由發揮，但務必採取自己最能輕鬆上手的方式。只要能讓「限制性信念的象徵畫面」消去，留下「破除的象徵畫面」，任何做法都行。信念破除術的使用者不勝枚數，而每個人都有各自的取代方法。

由於作法五花八門，在此只列舉五個代表性的方式。

## 取代術① 擦黑板式

這是最常見的作法。

首先，當腦海浮現出限制性信念的象徵畫面時，想像有一塊黑板板擦將它擦拭乾淨。接著，讓破除的象徵畫面浮現於方才擦拭的地方。也有人先讓腦海同時浮現限制性信念的象徵畫面和破除的象徵畫面，再擦去限制性信念的象徵畫面。請選擇自己方便執行的方法。

## 取代術② 下台式

這是我自己的作法。首先，想像限制性信念的象徵畫面登台，而他的戲份正好結束，必須退場，於是，破除的象徵畫面便如同新出場的角色一般英姿煥發地出現在舞台上。舉例而言，假設限制性信念的象徵畫面是葡萄乾，破除方案的象徵畫面是牙刷，想像葡萄乾向觀眾謝禮，從容下台，而牙刷隨後閃亮登場。

取代術③

## 滑手機式

也有人會想像滑手機的場景。

手機螢幕上先是出現限制性信念的象徵畫面，滑掉之後，接著出現破除的象徵畫面。舉例而言，假設限制性信念的象徵畫面是打開盒蓋，破除的象徵畫面是打太鼓遊戲，想像自己將打開盒蓋的畫面滑掉，而打太鼓遊戲的畫面隨即跳出。習慣使用手機的人應該能輕鬆想像。

## 取代術④ 沖馬桶式

也有人會想像沖馬桶的畫面，而且是在蹲式馬桶旁踩下沖水裝置沖水的場景。雖然現今的年輕人可能較不了解蹲式馬桶的沖水方式，但想像限制性信念的象徵畫面被水「唰」地沖走，肯定暢快人心。隨後，請讓破除的象徵畫面浮現於眼前，而非從排水口流出。

## 取代術⑤ 墜崖式

「墜崖」這個方法有些驚悚。不過，想像限制性信念的象徵畫面墜落懸崖，破除的象徵畫面隨後冉冉升起，似乎最有「替代感」。

像這樣，有許多的方法都能將限制性信念的象徵畫面替換成破除的象徵畫面，請選擇自己最能輕鬆想像的方法。

只要能替換畫面，任何方法都沒問題。

**以上就是「信念破除術」的四大步驟。**

**請先拋開鬥志，接著針對想要破除限制性信念的事件，捕捉限制性信念與破除的象徵畫面，最後進行替換。**

執行完後，便可拋諸腦後。你會發現，原先煩悶的情緒，將奇蹟似地消失殆盡。儘管仍有些煩悶，你也可以暫時將情緒放在一旁，先去準備晚餐等等，因為潛意識將於無形之中幫助你。

當然，你並不會察覺到潛意識的變化，畢竟無法察覺，才會存於潛意識。不過，即便我們未能意識到這番蛻變，現實生活也會產生轉變。

至今，我見證過許多人都運用此技法扭轉人生。

**我認為，關鍵在於替換「畫面」。**

我一再強調：「我們無法用言語描繪潛意識。」

我們無法用言語闡述潛意識裡的內容，潛意識也不懂任何語彙。因此，無論你多麼極力想將文字想法傳遞給潛意識，最終也只能抵達顯意識，無法深入至潛意識。

因此，運用「畫面」而非「詞彙」，才能打開潛意識的大門。

儘管此章大致講解了信念破除術的四大步驟，我仍相信有許多人內心依舊困惑重重。

就讓我於下一章更進一步說明吧！

Chapter

4

# 請謹記！「信念破除術」的八大要點

## 重點① 必須反覆執行

執行完信念破除術後，常常有人詢問：

「是不是應當謹記破除的象徵畫面呢？」

「是不是該讓腦海時不時就浮現出破除的象徵畫面呢？」

「遇到同樣令人煩躁的事情時，是不是得回想起一模一樣的破除象徵畫面來處理呢？」

**各位，請在執行完信念破除術後，就徹底忘記方才浮現的破除象徵畫面。**

**因為這麼做才能更接近潛意識。**

舉例而言，假設這次破除的象徵畫面是章魚燒，倘若之後一直重複使用，就會像每次經過章魚燒店就買一盒來吃一樣，總有一天會吃膩。

假設你這次因客戶而心浮氣躁，所以想像「吃桃子的場景」替換「打翻茶的畫面」，藉此破除限制性信念。之後，請避免在心浮氣躁時，再次透過想像「吃桃子的場景」來進行替換。

**請在每次心煩意亂的時候，都重新執行一次「信念破除術」。**

**請記住，是每次。**

**若昨天破除的象徵畫面是松鼠，今天將可能截然不同。**

請務必拋開「必須謹記破除的象徵畫面」這種汲汲營營的心態。

**感到煩憂時，先拋開鬥志，再執行信念破除術。**

**並且反覆執行。**

即便每次限制性信念和破除的象徵畫面都不同也沒關係，而每次腦海浮現的限制性信念象徵畫面都是茶也無妨。無論象徵畫面是否與前次一致，替換完後都請直接拋諸腦後。

**關鍵在於「拋開鬥志」，並反覆執行，直至自己不再將此事放在心上。**

如此一來，便能改變現狀。

也許你將能完全擺脫煩躁的情緒，或者，客戶公司的負責人將從此換人。大多數的情況下，那些令你壓力重重的對象將能離開你的生活。

而且，對此半信半疑，不相信「這麼做討厭的人就會消聲匿跡」的人，反而更能改變現狀，迎接嚮往的結果。這當然也是其來有自，將於下一章向各位娓娓道來。

## 重點 ② 不抱期待反而更能實現願景

執行信念破除術後，那些你認為「不可能就此消失」的人，反而高機率能從此遠離你的視線——你知道這背後的原因為何嗎？

**因為你「不抱任何期待」。**
**愈是不抱任何期待，願望更容易實現。**

愈是於顯意識期待地想：「好希望那位職權騷擾的上司趕快調走！拜託！求求你了！」潛意識那股「不可能發生」的限制性信念就會更加根深蒂固，並化為現實。換言之，這麼做反而讓「不可能發生」成為你眼前的事實。

如同我在25頁所言：「愈是渴求，愈會加深自己『辦不到』的念頭，限制性信念也就愈加根深蒂固。」同理，愈是期待，愈會加深限制性信念。

然而，如果我們於顯意識思考：「好希望那位職權騷擾的上司調職，但應該沒辦法吧！」又會發生什麼事呢？

**此時，潛意識反而會默默冒出「搞不好那位上司真的會消失不見」的念頭。因為潛意識往往會和顯意識持有相反的意念。**

舉例而言，已經住在夏威夷的人並不會熱切地期盼自己能住在夏威夷，因為他們早已定居在此。同時，潛意識也會認為「住在夏威夷」是件理所當然的事。於是，潛意識的想法成為了現實。相反地，渴望住在夏威夷的人，他的潛意識與現實會是什麼樣子呢？

**《顯意識》「好想住在夏威夷！」**

**《現實》「並未住在夏威夷。」**

**《潛意識》「並未住在夏威夷！」**

此時，若顯意識中住在夏威夷的渴望更為強烈的話，又會怎麼樣呢？

**《顯意識》「好想住在夏威夷！我絕對要住在夏威夷！」**

**《現實》「並未住在夏威夷。」**

**《潛意識》「你根本沒住在夏威夷，對吧？少做夢了！」**

由此可知，愈是期待，潛意識愈會強調你並未達成願望的事實。而如同前文所述，潛意識會化為現實。換言之，愈是期待，反而愈會讓現實朝反方向發展。

不過，如果我們試著「拋下強烈的渴望」呢？

**《顯意識》「好想住在夏威夷！不過不住也沒關係啦！」**

**《現實》「並未住在夏威夷。」**

**《潛意識》「雖然並未住在夏威夷，但還是有機會發生喔～」**

只要像這樣抱持著「沒實現也沒關係」的態度，潛意識就不會強調「自己不可能辦到」。究竟潛意識是抱持著什麼樣的想法，比較容易讓信念破除術發揮功效，答案一目了然。

對付章節開頭提到的「職權騷擾的上司」也是如此。愈是期待上司調職，或愈是想著：「既然『信念破除術』如此萬能，那麼一定可以讓上司調職吧！」潛意識愈會促成「不可能發生」的事，信念破除術便愈難奏效。相反，若認為「上司不可能真的調職」，並在煩躁時執行信念破除術，效果更佳。

或許會有人疑惑：「究竟應當在『對上司感到煩躁』時，還是『期盼上司調職』時破除限制性信念呢？」其實，背後的限制性信念是一樣的。請各位謹記，無論是渴望拋開煩躁情緒，或是期盼實現心願，我們需要破除的限制性信念都是相同的。

## 重點③
## 「放輕鬆」捕捉象徵畫面

時常有人反應：「腦中浮現不出限制性信念與破除的象徵畫面。」

**之所以浮現不出畫面，很有可能是因為「鬥志過於高昂」。**

一旦懷有鬥志，即便腦袋已經飄出畫面，也會過度思考，認為：「不！不是這個」、「我的感受應當是這樣才對」，因而無法成功捕捉，所以，才會認為「腦海浮現不出任何（自認合理的）畫面」。

**因此，請各位務必先拋開鬥志。**

**接著，當腦中浮現畫面時，「放輕鬆」捕捉。**

向來認真生活的人，尤其缺乏「不帶任何原因、隨心所欲選擇」的習慣。應該有許多人容易先下意識衡量善惡、對錯、喜惡或得失，再進行抉擇，因此不習慣「在腦中飄出畫面時立即捕捉」。

**不過，請試想，你「認真嚴謹的態度」造就了現今的你，而想要改變自己，應當反其道而行，才是最佳捷徑。因此，請放鬆心情，採取「輕鬆隨意的態度」試試看。**

或許一開始仍會有些不安，但請試著持續「輕鬆隨意地」、「不假思索地」捕捉那些飄入腦海的瞬間畫面。

若為馬克杯的畫面，則捕捉馬克杯的畫面；若為騎乘腳踏車的情景，則捕捉騎乘腳踏車的情景；若為黃色烏龜游泳的景象，則捕捉黃色烏龜游泳的景象。

請避免去吐槽「黃色烏龜」不合常理，或者深入探討飄出「黃色烏龜」畫面的原因。

也請避免在一開始就追求完美，務必保持輕鬆的心情。

**若腦海依然浮現不出畫面，請選擇映入眼簾的物品。**

手機或公車拉環等任何物品都可以，請反射性地選擇一項眼前的事物。不過，眼前的事物往往琳瑯滿目，所以不假思索地、反射性地選擇，才能更接近潛意識。

**在接近潛意識的狀態下捕捉畫面可是重要關鍵。**

我之所以會一再建議各位「拋開鬥志」，就是因為這麼做，才能接近潛意識。

我們人平時都生活在顯意識的世界裡。唯一能接近潛意識的方式，就是進入沉睡。

「拋開鬥志」便是在締造最接近「沉睡（但仍清醒）」的狀態。

當然，世上有許多冥想方法和療癒法，都能幫助你接近潛意識。而在我嘗試各式各樣的技法之後發現，「拋開鬥志」是最具成效的方法。

雖說如此，在拋開鬥志時，愈是想著「必須拋開鬥志」，就愈難達成目標，因為你已經「燃起鬥志」要「拋開鬥志」了。截至此章介紹了許多形形色色的方法，而能讓自己憑直覺捕捉畫面的，才是最佳之道。

## 重點④ 持續破除限制性信念將能扭轉人生

「信念破除術」可以用在生活中的任何情境。

不論是「想要尋得天職」、「想要遇見靈魂伴侶」等重大的人生願景，或是「筋疲力盡，好希望電車有位置坐」、「希望能改掉貪吃的毛病」等細微的生活心願，各式各樣的願望都能透過「信念破除術」來實現。

或許有人會好奇：「在透過信念破除術實現人生重大願景，以及實現生活細微心願上，方法是否有所不同？」其實，無論是希望人生扭轉乾坤，或是渴望生活更加輕鬆，做法皆一致。

**因為潛意識裡，並沒有優劣、大小與輕重之分。**

對潛意識而言，無論是「希望討人喜愛」等強烈渴望，或是「想要一個馬克杯」等微小心願，比重完全相同。也許在我們心中，兩者擁有截然不同的重量，但在潛意識裡並無分別。

**就根本而言，潛意識中並沒有好壞的概念。只有存在與不存在之分。**

舉例而言，我們會認為罹患疾病或遭逢災害痛苦難熬，不希望自己親身經歷。但對潛意識來說，疾病和災害就只是單純存在的事件，並不會特別將其定義為壞事。

**在潛意識裡，所有事物都是等值的。**

無論是「希望討人喜愛」等強烈渴望，或是「想要一個馬克杯」等微小心願，於潛意識之中都是相等的。並不會因為是重大的願景，執行「信念破除術」時就阻礙重重，也不會因為是簡單的心願，就容易破除背後的限制性信念。不過，如同前文所述，我們往往會對重大願景抱有更強烈的期待，也就愈容易加深限制性信念。

總而言之，限制性信念並無大小之分。也有可能原先只是為了實現微小的心願，而執行信念破除術，最後卻意外解決了重大的煩惱。譬如，原本只是因為「丈夫總是不幫忙洗碗，令人心生厭煩」、「媽媽友抱怨連連，令人倍感煩躁」，而執行信念破除術，沒想到最後卻突然化解了「與職權騷擾的上司之間的紛爭」。

**無論執行信念破除術的原因為何，皆是在破除潛意識裡的限制性信念。**

而一則限制性信念本來就不會只對應一個問題，因此，只要持續破除微小的限制性信念，就能扭轉人生。

重點⑤
# 避免設法一口氣解決所有問題

或許有人會認為：「既然一則限制性信念會對應到諸多問題，那麼，先徹底了解自己擁有的限制性信念，接著利用信念破除術一次破除，豈不是就能速戰速決了嗎？」

正如同前文所述，深究問題之間共通的限制性信念，反而會遠離潛意識。所以，我們應當在丈夫命令你：「幫我拿杯子過來！」使你心煩意亂時，立即執行一次信念破除術。當他又命令你：「再幫我添碗飯！」你又心生厭煩時，再執行一次。請像這樣子分開進行，而非深入統整：「我好討厭丈夫和上司的命令口吻……或許，我擁有一則限制性信念，會使我對命令口氣感到厭煩。」

**換言之，請在每次心煩意亂時立即執行信念破除術。**

當然，聯想到「自己討厭命令的口吻」或是「幼年的創傷」並非壞事。不過，在執行信念破除術時，請將這些聯想全數拋諸腦後，只聚焦於當下心頭冒出的煩躁情緒。請盡可能避免統整歸納，每件事情分開處理。

**而有時，一道煩惱可能也需要拆解成好幾則問題。**

舉例而言，假設你希望藉由信念破除術，解決「無法鼓起勇氣和喜歡的人告白」的煩惱。這則煩惱之中，可能就夾雜著許多種「煩躁感受」，譬如「缺乏自信」、「害怕被對方恥笑」、「由女方告白會自貶身價」等。此時，我們可以像這樣拆解這股煩躁感，逐一破除每道問題背後的限制性信念。這麼做相對具體，也比一口氣解決來得輕鬆容易。

當你感覺自己打算深究統整時，務必立即轉換想法，提醒自己：「分開處理每道問題，並先著手化解當前的『煩悶情緒』。」

## 重點⑥

# 重量不重質

曾有許多人反應：

「替換過程總是一波三折。」

「限制性信念的象徵畫面老是無法消去。」

確實在替換的過程中，限制性信念的象徵畫面有時仍會殘留腦海。

**此時，建議各位「直接將破除的象徵畫面覆蓋在上頭」**。

只要在限制性信念的象徵畫面上覆蓋破除的象徵畫面，就再也看不到限制性信念的象徵畫面了。若這麼做之後，腦海依然殘留些許限制性信念的象徵畫面，也請忽視它，著眼於破除的象徵畫面即可。

許多人容易太在意自己的作法是否正確、擔心自己的作法是否能讓信念破除術成功奏效。其實，過度拘泥於每次執行信念破除術的過程並沒有太大意義。

**因為「信念破除術」重量不重質。**

我時常拿廁所專用清潔濕紙巾進行比喻。

市售有一款浸滿藥劑的廁所專用清潔濕紙巾，發現髒污時，便可抽取一張擦拭，用畢後丟入馬桶沖掉即可。

使用時，你並不會細想：「抽取方式真輕巧」、「可以輕鬆擦去髒汙，真厲害」、「可以直接丟入馬桶沖走，真方便」等等。

**你只會在擦拭完畢後立即將濕紙巾丟入馬桶沖掉。又發現髒污時，再拿取一張擦拭，再丟入馬桶沖掉。**

執行信念破除術就近似於這種概念。

當商家老闆對你說些不堪入耳的話時，立即於結帳前執行一次，除去限制性信念。

當男友傳來的LINE訊息令你心煩時，立即抬頭仰望天空，執行一次，除去限制性信念。

每當你發現髒污（感到煩躁鬱悶）時，你都能隨時隨地立即除去心中的限制性信念。

## 重點⑦ 通勤途中十分適合執行

曾經有人問及：「什麼地方最適合執行信念破除術呢？」其實，隨時隨地都能執行正是此方法的優點。

基本上，每次心生煩悶時，就應當立即實施信念破除術。

不過，若想要集中於一個時間地點操作，我建議可以在通勤途中執行。

**通勤途中十分適合進行信念破除術。**

你可以先將想藉由信念破除術解決的煩惱記錄下來，於通勤途中一併處理。

另外，在前往公司的途中，肯定也會猜想未來將會迎來的煩憂：「今天部長大概從早就會開始擺臭臉」、「客戶絕對會因為貨物延遲送達而火冒三丈」等。

**即便是尚未發生的事情，也能透過信念破除術，破除背後的限制性信念。如此一來，將能扭轉未來。**

以上述為例，當你於通勤的路上，逐一針對每則擔憂實施信念破除術後，上司將會奇蹟似地嶄露笑容，客戶也將爽快地同意貨物延遲送達，你將能開心結束美好的一天。請各位務必著手試試。

回家的電車中，若心頭湧現「哎呀！今天不小心犯錯了」、「當時不應該說那種話」等懊悔的情緒時，也可以實施信念破除術。執行完後，你將能帶著爽朗的心情回家。

當對未來心煩意亂，譬如覺得回家後還要做飯十分麻煩時，同樣也能運用信念破除術，破除背後的限制性信念，藉此轉換心情。

只要像這樣養成在通勤途中實施信念破除術的習慣，你需要破除的限制性信念便會逐漸減少。

生活有時好事連連，有時卻會事與願違。但即便諸事不順，我們依舊可以透過信念破除術連結潛意識，藉此活出真實的自我，擺脫煩悶的情緒。

若老是活在顯意識的世界裡，將會不禁在意起他人的眼光、無法暢所欲言、遺失自信、負面思考，最後傷害了自己。

**但連結潛意識後，你將能逐漸釐清自己真正想做的事、想說的話，以及想見的人。**

當你有天驚覺：「咦？最近都不需要再執行信念破除術了，真是太好了！」那表示你已經一點一滴地蛻變。

## 重點⑧ 當名腳踏實地的人

「潛意識永遠都在引領你走向幸福的人生，因此，請透過信念破除術，連結潛意識吧！」

相信這樣的說法對許多人來說肯定過於靈性。

或許也有人會認為：「應當多加執行信念破除術，成為能夠連結潛意識的人，逐步提升靈性能力才行。」

**其實這是誤解。**

**「信念破除術」至多只能讓你於現實世界中幸福度日而已。**

Mind Block Buster的療癒師（Mind Block Buster）和個案一同執行的這套療癒法雖號稱「3分鐘就能破除一則限制性信念」，但之所以能在如此之短的時間內就獲得成效，正是因為此療癒法的目的只是為了「讓生活一帆風順」。

崇尚靈性的人也許會期盼提升靈性能力，抵達更高遠的境界。不過，Mind Block Buster只是一套為了生活而開發的實用技法，讓你無論是在辦公、搭車、散步或是購物，都能瞬間拋開煩悶的心情，實現大大小小的夢想，並幫助你更接近原來真實的自己，在最舒適的環境中，遇見合適的人，過上幸福快樂的日子。

因此，使用信念破除術的同時，也請別過度依賴它。希望各位都能當名腳踏實地的人。

**請「滿懷鬥志」面對生活，「拋開鬥志」執行信念破除術。**

這麼做才能取得完美平衡。

不知道各位是否已經明白「信念破除術」的操作方式及要點了呢？

下一章開始，將帶領各位著手實行。

接下來將會從「實現心願」、「金錢」、「人際關係」等具體面向進行說明，希望各位能對信念破除術有更深一層的理解。

Chapter

5

# 擺脫
# 「阻礙夢想的限制性信念」！

## 「信念破除術」幫助你活出理想人生

相信一定有人雖然已經明白信念破除術的操作方式，卻仍不知道該如何實際運用。

過往，有許多人都藉著信念破除術扭轉人生，接下來，就容我向各位分享一些實例。

### 讓自家公司成功上市的D

D是某公司的社長，並夢想讓自家公司成功上市。

他非常喜歡靈性，不僅會隨身攜帶能量水晶，還會前往能量景點，不遺餘力祈求開運。不過，讓公司成功上市的夢想卻不知怎地老是碰壁，遲遲無法實現。

某天，D前來向我諮詢。當時他會蒞臨的原因，其實是因為「想克服對搭飛機的恐懼」。某次，他前往海外出差時，突然在飛機上身心不適，自此之後，他開始害怕搭乘飛機，總是擔心：「如果身心又遭逢不適該怎麼辦？」不過，透過信念破除術，D拋開了恐懼，最後終於能勇敢搭乘飛機，令他相當吃驚。於是之後，他都會不時前來參與敝協會的療癒課程。

某次，D傾訴：「公司向來業績優秀，很希望它能成為上市公司，但不知為何總是連連碰壁。」

因此，他藉由信念破除術，將

「如果公司無法成功上市該怎麼辦？」

「萬一有未知的不公不義浮出水面，該怎麼處理？」

「如果慘遭幹部員工背叛該如何是好？」

等不安的情緒背後的限制性信念一一破除。

一年後，D的公司成功上市。

D帶著柔和的笑容回饋道：「沒想到自己擁有許多限制性信念，之前都未曾留意呢！」

**「沒來由的不順」，或是「在最後關頭遭逢攪局」，有很大的機率都與當事人懷有限制性信念息息相關。**

因此，只要每次心中浮現出與夢想有關的煩悶感時，反覆執行信念破除術，事情就能漸入佳境。

## 終於獲得出演邀約的女演員E

E雖然和丈夫兩人共同生活，卻因為丈夫時常出差不在家，每天都感到萬分寂寞。她不僅沒有嚮往的工作，也缺乏夢想。為了解決心頭這股堵塞感，他決定前來體驗Mind Block Buster。

就在她利用信念破除術破除「丈夫不在家十分寂寞」、「心頭有股堵塞感」、「不清楚自己的志向」等想法背後的限制性信念之後，她發現自己似乎對演戲有股憧憬。

比起美女，E更偏向是能夠逗人開懷大笑的幽默少女，她也相當驚訝自己居然有想要站上螢光幕的想法。起初，她的限制性信念十分濃厚，總是認為自己的演技絕對登不上大雅之堂，光是說出台詞就倍感羞澀。

不過，就在他利用信念破除術，逐一破除

「我不可能登上螢光幕」、

「只有美女才能成為女演員」、

「我的年紀已經老大不小了」……

等想法背後的限制性信念後，居然獲得了電影的出演邀約。

提出邀約的是她學生時期的朋友。當時，她正籌備拍攝一部多段式電影，正巧在挑選其中一段的某個角色時，腦袋閃過E的臉，認為她最為適合。電影的所有出演者中，唯獨E是素人，其餘都是隸屬於經紀公司底下的專業女演員。

儘管如此，電影最後仍順利殺青。

她回饋：「完全沒道理需要認為自己不可能實現夢想，因為就連我最終也成功出演電影了，任何事情都有可能發生！」

據說E現在懷有願景時，絕對會勇往直前，不會再如過往般躊躇不前了。

## 若想找到夢想，務必執行「信念破除術」

有許多人都透過信念破除術實現夢想。

譬如與摯愛結婚並共築理想家庭、在心中嚮往的場館舉辦現場演出、從事自己深愛的工作……等等，例子不勝枚舉。

雖說如此，起初大家也只是期望能解決煩惱，才前來參加Mind Block Buster，而非因為渴望夢想成真。如同前章的D希望「克服飛機恐懼症」，或是E希望「拋開心中的阻塞感」一樣。

**但是，在藉由信念破除術破除限制性信念後，你將找到自己的夢想、願景，以及自己渴望達成的目標。**

因為當你逐一破除內心的限制性信念後,你將能看見自己「真正的」、「原來的」面貌。

在我的印象裡,大多數的日本人都缺乏夢想。

每當問及:「你的夢想是什麼?」,時常有人會回答:「希望能還完房貸」,或是以一副認真的面容質疑:「懷抱夢想就能實現嗎?」

想必有許多人自幼起便時常遭到指正規範,因此心中懷有各式各樣不同的限制性信念,認為「從事自己渴望的事情」是任性的行為。然而,若不「允許自己從事嚮往的事」,便無法懷有夢想抱負。

## 從職權騷擾的煩惱中找回動力的F

F是一名單親媽媽,她曾經因為遭到上司職權騷擾,而前來體驗Mind Block Buster。

「你居然連這種事都不會?」、「要說幾次你才懂?」、「你這薪水小偷!」每天承受上司這般惡言的F,精神相當緊繃。不過,就在她執行信念破除術後,上司竟突然調離現職，而她也和新的上司建立起良好的關係，令她喜不自禁。

只是，F膝下有兩名正在就讀小學的孩子，她每天在家都得忙著照料他們，完全無暇思考自己的夢想。

因此，她決定也透過信念破除術，解決育兒上的煩惱。

每當因為「要求孩子完成作業十分心累」、「提醒孩子好幾次，卻仍忘記繳交學習單」、「孩子不刷牙就直接上床睡覺」……等事情而感到心煩意亂時，她就會執行信念破除術，逐一破除內心的限制性信念。據說之後，孩子不僅開始會對自己的事負責，還會協助家裡的大小事。

原本以為是自己要照顧小孩，沒想到最後，孩子們竟反過來伸出援手……

F對孩子們的轉變感到十分訝異，同時感覺如釋重負。擁有餘裕的F，開始透過函授課程，學習從前就一直頗有興趣的芳香療法。

「因為是自己喜歡的領域，學習時完全不會覺得痛苦。而且，我還希望自己有一天能夠轉職從事和芳療相關的工作。」害羞笑道的F，和起初見面時筋疲力盡的樣子，完全判若兩人。

**大多數「缺乏夢想」、「失去目標」的人，都是因為生活缺乏餘裕。**

儘管現在生活依舊繁忙緊湊也沒關係。只需要運用信念破除術讓生活更加一帆風順，你就能活出自我、發光發熱，相當不可思議。

## 當擁有願景時，立即執行「信念破除術」

也有人透過信念破除術實現前往南極的夢想。

G是一名動物保育員，非常喜歡企鵝，經常出入國內各地的水族館。據說某天，他心血來潮：「我真的好喜歡企鵝，真想實際前往南極欣賞當地的企鵝！」

但是，要到南極旅行，難度實在太高了。

比起至其他國家旅行，前往南極的旅費貴上許多，她也並非家財萬貫。

然而，就在她透過信念破除術，破除「想去南極欣賞企鵝，但難以實現」這則想法背後的限制性信念後，竟接獲到了南極旅遊的資訊——某個郵輪旅遊活動原本因船上皆為雙人床，只開放兩人一組報名，某天卻突然釋出「一人空缺」。

因此，她順利前往了南極。旅行回來後，她還和我分享了於當地實際拍攝的企鵝照片。比起動物園裡的企鵝，野生企鵝擁有迥然不同的魄力，令人為之震撼。

「果然還是野生企鵝最可愛！這絕對會成為我永生難忘的回憶。」

說出這句話的G，光彩奪目。

**想要透過信念破除術實現夢想的祕訣就是——每當你懷有願景時，就立即執行信念破除術。**

或許有些人會誤以為這麼做將會破除「夢想必能成真」的信念，事實上並非如此。如同前文所述，內心懷有渴望時，潛意識會自動解讀為你「現在未能如願以償」。因此，只要藉由信念破除術，破除「渴望」背後的限制性信念，便能改變潛意識裡「現在未能如願以償」的想法，也就能改變現況。

嚴謹一點來說，應當是破除「我希望能實現夢想，但感覺難以達成」中「感覺難以達成」這則想法背後的限制性信念。不過，我們無需如此深究。

只需在懷有願景時立即執行信念破除術即可，譬如：

「好想去南極。」→執行「信念破除術」、

「希望結交一名完美的男朋友。」→執行「信念破除術」、

「希望可以順利完成明天的報告。」→執行「信念破除術」、

「週末想去泡溫泉。」→執行「信念破除術」。

**只是，若希望提升夢想實現的「機率」，請再多加描繪夢想的具體模樣。**

譬如：「希望能結交一位長得像演員〇〇〇的男友」、「希望能結交一位事業有成、懷有雄心壯志的活潑男友」、「希望能結交一位住在我理想中的房子裡的男友」等，而非單純期盼：「希望能結交一名完美的男友」，反而更能實現夢想。你甚至可以試著接近實體，譬如實際走訪能夠看見自己理想住家的地方等，更為有益。在完成想像或實際走訪之後，緊接著執行破除信念術。

不過，若只描繪幾則具體條件，最終可能會導致潛意識毅然決然排除掉不符這些條件的人，反而容易錯失好運。剛好，信念破除術具有在執行完後，就能先拋諸腦後任其自由發展的特性，因此，請隨心所欲地描繪夢想吧！

## 運用「拼貼畫」搭配「信念破除術」實現夢想

我推薦各位可以運用「拼貼畫」來幫助自己實現夢想。

收集與自己喜歡的事物、嚮往的目標，以及渴望達成的夢想相關的照片、圖片，或從雜誌剪取的相關的圖像，拼貼一張紙上後，張貼於牆壁等喜歡的地方，透過視覺感染潛意識。這個方法向來受到許多人的推崇，但在Mind Block Buster中，作法稍有不同——

**請在完成拼貼畫後，看著畫作執行「信念破除術」。**

光是如此，將能壓倒性提升實現夢想的機率。

因為完成拼貼畫後，會加強心中那股「即便完成拼貼並望著它，也毫無功效」的意念。

舉例而言，在拼貼畫中貼上女子婚紗照的人，肯定沒有結婚的計畫；貼上郵輪相片的人，肯定也沒有預計要參加搭乘郵輪之旅；貼上海邊別墅相片的人，也絕非住在海邊的別墅裡。

因此，每當看到拼貼畫時，腦海便會湧現「沒有結婚的計畫」、「不可能前往郵輪之旅」、「住進海邊別墅只是癡人說夢」等想法，而此時正好適合執行「信念破除術」。

**具體想像後執行「信念破除術」，倍具功效。**

如今回想起來，都要多虧於拼貼畫和信念破除術，才能讓我於今日實現了許多夢想。

許久前，我還在從事教職時，就已經知道透過拼貼畫實現夢想的方法了。曾經，我因為想去夏威夷旅行，而製作了一幅海外度假勝地的拼貼畫，並收放在桌子抽屜的深處。雖說實際張貼出來眺望畫面更具功效，但若被家人問及：「這是什麼？」，實在有些難為情，因此我一直將它默默地收藏起來。

然而，即便我完成了拼貼畫，依舊沒有任何能夠前往夏威夷的徵兆出現。雖然我偶爾仍會看一下拼貼畫，但始終會氣餒地想：「哎呀！我都已經有小孩了，也還要到學校工作，絕對沒辦法。」

不過，就在我實施信念破除術後，竟然喜獲了能夠前往夏威夷的機會。最終，我在11年內去了6趟夏威夷。原本不抱任何期望的夢想竟儼然成真，實在是太不可思議了。我心底深深感嘆，潛意識真的改變了我的生活。

能夠買下現在居住的透天厝，也都要歸功於透過拼貼畫和信念破除術。

在父母的規勸之下，我在我長子三歲的時候購入了一間３ＬＤＫ（譯註：日本不動產業中的３ＬＤＫ，表示此房屋擁有三間臥室、一間起居室（Living Room）、一間飯廳（Dining Room）及一間廚房（Kitchen）。）的公寓套房。不過後來，家裡又多了兩名孩子，家裡變得十分擁擠。每天早上，五個人必須輪流使用一間廁所，當時我心想：「若能擁有一間透天厝，一、二樓就都會有廁所，這道問題便能迎刃而解。」不過，我實在沒有信心再繳三十五年的房貸，每次經過住家附近的豪宅時，都只能羨慕地巴望。

然而，就在某天，我抱著渴望一棟透天厝的夢想，試著製作了一幅拼貼畫，同時進行了信念破除術。

我剪下雜誌上漂亮的豪宅，一邊心想：「這個願望肯定無法實現」，一邊捕捉限制性信念及破除的象徵畫面，進行替換。

我就只有這麼做而已，沒有做出其他任何特別的舉動。

不久後，公寓後頭的停車場開始建起透天厝。

我相當期盼自己能住進去，最後也真的一一跨越了那些在搜尋資料時認為難以解決的問題，迅速住進了透天厝，連我自己都驚訝不已。

**我非常推薦各位運用拼貼畫搭配信念破除術來實現夢想，請各位務必嘗試看看。只需要在製作完拼貼畫後執行信念破除術即可。**

為了讓各位方便理解，在此做個總結。

## 運用拼貼畫搭配信念破除術實現夢想的方法

### 步驟1 製作拼貼畫

將能夠代表自己喜歡的事物、嚮往的地方、理想的模樣的照片、圖片等張貼於一張紙上（例：渴望結婚→穿著婚紗的女子、渴望事業成功→瀟灑走在路上、穿著西裝的女子）。從雜誌中剪取圖片，或從網路上列印相片，能讓製作拼貼畫的過程更為輕鬆簡便。

## 步驟 2

### 拋開鬥志

放鬆，盡可能一邊發呆一邊望著拼貼畫。

## 步驟 3

### 提問：「這個限制性信念是什麼？」

## 步驟 4

### 提問：「破除的象徵畫面是什麼？」

## 步驟 5

### 用「破除的象徵畫面」取代「限制性信念的象徵畫面」

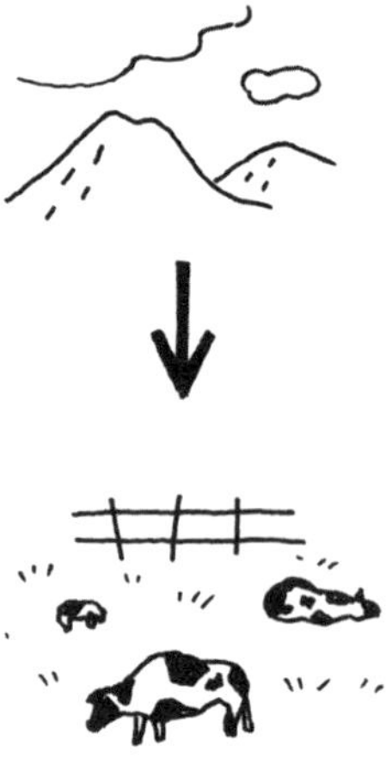

這麼做就大功告成了！執行完後，可以丟掉拼貼畫沒關係，接著只需等待生活發生轉變就行。

Chapter 6

# 擺脫「金錢方面的限制性信念」！

## 運用技巧，破除金錢方面的限制性信念

若渴望獲得某項事物，最佳捷徑就是盡可能具體地許下心願，並執行信念破除術。不過，有一項東西除外。

**那就是——金錢！**

舉例而言，你可能會妄想：「若在年末購買樂透並奪得頭獎的話，我想將一半的錢存起來，一半拿去買別墅和環遊世界。那麼，是不是只要製作拼貼畫，執行信念破除術，就能如願呢？」其實這是行不通的。每個人肯定都希望自己能中樂透，我自己也曾經多次在執行信念破除術之後去購買樂透，卻始終沒有中獎。

換言之，就算執行信念破除術，也抹滅不了內心的邪念。

不過，撇除樂透不談，我們仍能藉由信念破除術，破除金錢方面的限制性信念。本章，我將向各位說明箇中訣竅。如同前文所述，我之所以會發明「信念破除術」，就是因為我之前擁有「金錢方面的限制性信念」。

- **時常購買不必要的特價品。**
- **即便喜歡，沒打折就不會購買。**
- **每當孩子向自己要錢時，即便是必要的花費也會心生不快。**
- **每回收到他人的贈禮時，都會焦急著回禮。**
- **常常因為金錢和丈夫吵架。**

問題不勝枚舉。總之，我擁有許多對金錢的不安與焦慮。不過，就在我執行信念破除術之後，這些不安與焦慮大幅減低。

我不會再著眼於特價品（偶爾還是會看一下），和丈夫及小孩之間的衝突也減緩許多。

其實大部分的人多少都擁有金錢方面的限制性信念。舉例而言，你是否有以下這些行徑呢？

□總是存不了錢。

□明明想要存錢，卻總是在浪費金錢。

□談到金錢就會渾身不自在。

□不敢和雇主交涉薪資與報酬。

□每當別人開口向你借錢時，總是二話不說答應。

□別人請客時，心裡總是滿懷罪惡感。

□覺得討論金錢的人都很庸俗。

□明明缺錢卻總是贈送昂貴禮物。

□即便有錢卻總是購買便宜貨。

這些都和「金錢方面的限制性信念」有關。

一旦擁有金錢方面的限制性信念，即便喜獲迎向富足的機會，也會下意識迴避；或者，即便家財萬貫，也仍會對金錢抱有不安，最終讓不安化為現實。

**相反地，若能破除金錢方面的限制性信念，你眼前的世界將會改頭換面。對金錢的不安與恐懼將不再左右你，你將於冥冥之中獲得想要的事物。**

就讓我們一同在此章破除金錢方面的限制性信念吧！

首先，我想先告訴各位，「金錢方面的限制性信念」與你潛意識的類型息息相關。至今，有許多人前來體驗 Mind Block Buster，在這之間，我發現潛意識可以分為三種類型。如同前文所述，想要破除金錢方面的限制性信念相當困難。不過，若能依循自己的類型取向，實施相對應的信念破除術，將能大幅提升信念破除術奏效的機率。就讓我趕緊來向各位介紹吧！

# 你的潛意識是哪種類型？

前文提及，潛意識一共可以分為三種類型，究竟為哪三種呢？答案揭曉！

**類型1　日本人型**
**類型2　外國人型**
**類型3　外星人型**

或許你會訝異：「欸？居然有外星人型？」其實有些人潛意識的運作方式真的只能用「外星人」來形容。而且，事實上有許多前來體驗Mind Block Buster的人的潛意識都是屬於此類型，此時正讀著這本書的你或許也是。

首先，就來確認自己的潛意識類型吧！
請在閱讀測驗A、測驗B及測驗C中的選項內容後，將符合的選項打勾。

### 測驗Ⓐ

- □遭人叮囑或責備後，反而更有動力。
- □覺得1000日圓（約台幣200元）以上的物品相當昂貴。
- □購物時，總是先查看價格是否便宜。
- □總是穿著樸素的服裝，從不選購華麗的服飾。
- □在3人以上的場合中，會不禁留意誰的社會地位最為崇高。
- □在相對貧窮的環境下成長。
- □父母、祖父母經濟貧困。
- □喜歡書寫文章，而且一定要使用鉛筆或黑筆。
- □覺得需要搭電車前往的地方太遠，所以總是在住家附近辦事。
- □覺得捨己救人的故事感人肺腑。

測驗Ⓑ

□喜歡特定的國家或地區。

□喜歡穿著高彩度或明亮顏色的衣服，或者喜歡與眾不同的特色設計。

□時常計算成本效益，就是不想吃虧。

□可以獨自在外用餐。

□自幼就不喜歡與人為伍。

□喜歡海外旅行或海外留學，甚至已經擁有許多經驗。

□視力良好。

□有情有獨鍾的食物（譬如：一旦喜歡上某間店的菜色，就會天天都想品嘗，於是每天前去購買，持續一段時間等）。

□會在自己的周圍畫出半徑幾公分甚至幾公尺的安全範圍，不希望他人闖入（不過當自己渴望接近他人時，會直接無視他人的安全範圍）。

□無法忍受沉默，總是七嘴八舌。

測驗Ⓒ

□缺乏自信，總是緊張兮兮。
□明明自幼起就努力低調，卻不知為何老是遭人責備。
□總能獲得年長男性的疼愛，卻總被同齡女性或女性前輩霸凌。
□時常弄丟東西、遺忘物品。
□喜歡全新或閃閃發亮的物品，而且看到後會立刻買下來試用。
□興致高昂時，能夠暢玩到天荒地老。
□對食物相當挑剔、好惡分明。
□完全不像自己的父母或兄弟姊妹，身上帶有一股獨樹一格的氣息。
□若發現能夠稍作改正的地方會立即修正，希望事物趨於完美。
□時常利用色彩繽紛的筆寫字、畫畫。

## 三大潛意識類型的特徵

測驗結果如何呢？

在測驗Ａ、Ｂ、Ｃ中，各位分別勾選了幾項呢？

若於測驗Ａ中勾選最多選項，那麼你的潛意識屬於「日本人型」；若於測驗Ｂ中勾選最多選項，則屬於「外國人型」；若於測驗Ｃ中勾選最多選項，則屬於「外星人型」。

接下來就來說明各類型分別擁有哪些金錢方面的限制性信念吧！

### 1：日本人型

雖說限制性信念無法用言語描繪，但若用文字勉強說明，潛意識屬於此類型的人擁有「人生是場修行」、「誓死都不為五斗米折腰」、「樂於犧牲奉獻」等金錢方面的限制性信念。

因為抱有「沒錢乃為善舉」的限制性信念，所以即便擁有財富，也無法平心靜氣地使用。即使他人分享賺錢祕技，也會嗤之以鼻。儘管顯意識中懷有發財夢，潛意識裡卻認為自己「勢必要為錢所苦」。是否有人心有戚戚焉呢？

其實，我的潛意識正是屬於「日本人型」。這類型的人往往會傾向將人生視為「修行」，因此在執行信念破除術時困難重重。

如同前文所述，我是在通勤途中，透過信念破除術慢慢破除「因金錢訓斥孩子」、「執著購買特價品」等行為背後的限制性信念，才終於化解煩惱的。由於潛意識屬日本人型的人行事往往一絲不苟，因此在執行信念破除術時，應當把重點放在「拋開鬥志」。建議各位務必在放鬆心情的情況下反覆執行信念破除術。

## 2：外國人型

若用文字勉強說明，潛意識屬於此類型的人擁有「有錢會遭人殺害」、「務必把錢藏好」、「得把錢拿去供奉神明」等金錢方面的限制性信念。其實這三者各有不同，但原委有些繁雜，此書先暫且不談。不過，各位仍可以依據以下敘述判斷自己屬於何者。

**「遭人殺害」型**……害怕擁有金錢，金錢入帳後便會立刻花掉，擁有浪費金錢的習性。

**「藏匿金錢」型**……認為「把錢藏好才有安全感」，有時甚至會疑惑「為何手頭總是沒錢？」其實只是都拿去藏私房錢而已。

**「供奉神明」型**……明明渴望發財，心裡卻有股力量阻擋自己迎向財富。時常把錢拿去供奉神明，認為人生在世不需要金錢。

以上三者都很容易花錢如流水，但是，並不代表他們毫不在意金錢。潛意識屬外國人型的人，會汲汲營營追求CP值，努力不花冤枉錢，而且會對自己應得的錢財斤斤計較。不過，此類型的人也會下意識認為：「錢很可怕」、「就算手邊的錢花完也還有預備金可用」、「人生在世不需要太多錢」，因此容易不小心揮霍過度。若你覺得心有戚戚焉，就請透過信念破除術破除這些想法背後的限制性信念。

## 3：外星人型

外星人型和日本人型、外國人型大相逕庭。這類型的人打從心底無法理解地球貨幣的價值，因此無法辨別商品價格是否昂貴，無法判斷是否該購買。

或許有人會因此反駁：「雖然我的潛意識屬於外星人型，但我可是非常清楚明瞭！」

當然，處在顯意識中的你肯定瞭若指掌，並且能夠清楚衡量計算。不過，你的潛意識卻覺得這毫無道理。因此，你容易因為「看似好玩」、「看似有趣」、「情有獨鍾」、「閃閃發亮」，甚至「毫無理由地」於不知不覺中花費大筆錢財。即便原本沒有打算做出無意義的消費，最後卻仍報名了根本不會前往的英文會話課和健身房，又或是突然出發旅行，散盡家財。

## 練習接收地球的基本資訊

雙腳著地（坐或站都可以），腳跟朝地（地球），說：「請告訴我地球的基本資訊」。靜待約30秒，地球的基本資訊就會灌輸至你的體內。不過，每睡著一次，基本資訊就會歸零，所以最好每天早上先重新輸入一次，再開啟新的一天。

若你的潛意識屬外星人型，我希望你除了執行信念破除術以外，還能練習「接收地球的基本資訊」。

因為你並不瞭解地球貨幣的價值，所以必須多加蒐集地球的情報。

做法相當簡單，請務必試試看。

# 破除金錢方面的限制性信念的三大要點

在了解完自己的潛意識類型，以及自己容易擁有的限制性信念之後，接著只需在每次心情煩悶或渴望錢財時，切實執行信念破除術就行。而在利用信念破除術破除金錢方面的限制性信念時，其實有幾項技巧，接著就帶各位一探究竟吧！

## 重點① 不厭其煩地執行信念破除術

「（查看帳戶餘額）居然比想像中花了更多錢。」↓執行信念破除術

「（看到信箱裡有繳款單）蛤～這個月怎麼又有了？」↓執行信念破除術

「（朋友寄來喜帖）下個月又要有大筆開銷了。」→執行信念破除術

「（孩子向自己要錢時）有這麼需要這筆錢嗎？」→執行信念破除術

## 重點② 利用信念破除術化解嫉妒情緒

「那些在Instagram上傳高價午餐照片的朋友真討厭。」

「那些在度假酒店陽台拍攝的照片真讓人看得火大。」

當你的內心像這樣因金錢產生「嫉妒」時，也請執行信念破除術。

現今社群發達，日常生活中時常會湧現對他人的嫉妒。不過，愈是眼紅，愈容易「憤慨自己不如他人幸福」，而讓「心有不甘的自己」化為現實，最終反而會斷了自己的財路。因此，心生嫉妒時，請立即執行信念破除術。只要持之以恆，金流就會改善。

## 重點③ 利用信念破除術突破框架

只要身處這個世代，就絕對不可能毫無金錢方面的限制性信念。即便是再富有的人，也都同樣擁有這樣的限制性信念。甚至，有許多富豪因為長期從事大筆交易，而懷有更多。

有諸多企業家都曾體驗過Mind Block Buster，其中，曾有人訴苦道：「雖然很希望年營業額突破3億日圓，卻始終無法達標」、「總是跨越不了月營業額300萬日圓的門檻」，其實這些人都在「劃地自限」，認為自己：「年營業額絕對不可能超過3億日圓」、「月營業額最多只能達到200多萬日圓」。

此時，便可以透過信念破除術，破除「希望年營業額超過3億日圓」、「希望月營業額超過300萬日圓」等期望背後的限制性信念。

如此一來，將能切身感受到自己掙脫了束縛，營業額也將大幅提升，超乎你的預期。

## 捫心自問「渴望錢財的理由」

想要藉由此書所介紹的「信念破除術」實現發財夢時，並非只要執行，就會有大量金錢湧入，如此地異想天開。

金錢是你在完成某件有益世界的工作後所獲得的回報。只是，如果你擁有金錢方面的限制性信念，無論你再怎麼努力，賺錢之路都只會曲折離奇。

舉例而言，身為銷售員的你明明只要和客戶加以推銷，就能締結契約，卻會因此而開不了口；或者，你會打從心底認為自己「沒有資格獲得錢財」，因而甘願領取微薄薪水。若真如此，請「務必先剔除這些阻礙」。

破除金錢的限制性信念後，能改變潛意識並啟動吸引力法則，讓幸運降臨。你的生活或將迎來驚喜，如意外之財、副業機會或貴人相助。因此，請各位務必積極突破金錢信念的限制!

但是,總有人不明白自己擁有哪些限制性信念。

「每當看到繳費單時,我也只是坦然接受。收到入帳通知時我也沒有特別的感覺,對金錢也沒有抱有任何負面感受。不過,我也希望能財富自由。」若你是上述類型的人,也請務必執行信念破除術,破除「希望財富自由」這個願望背後的限制性信念。接著,請試著捫心自問:「為什麼我希望財富自由呢?」雖然這個做法近似於「深入探討原因」,有點違反原則,但還是請各位務必試試。

大多數渴望致富的人,背後都有原因。

也許是期望開間咖啡廳、期許送孩子出國留學、渴望環遊世界、企求一棟豪宅、期盼將來安心度日……

而針對這些具體願實施信念破除術,反而更有機會使你財富自由的美夢成真。而且,有時就算沒有獲得金錢,夢想也能奇蹟似地實現,這類的例子不勝枚舉。譬如,想開間咖啡廳的你,或許就會遇上願意贊助創業資金、或免費提供場地給你的金主。比起單純渴求金錢,這麼做更能幫助你的人生否極泰來。

## 一網打盡108句「金錢方面的限制性信念」

在本章的最後，我想向各位介紹我在執行信念破除術時腦袋會冒出的一些語句，總共有108句！正好和人類擁有的煩惱數相同※。當中肯定有些語句能夠引起各位的共鳴。

若你發現自己也有相同的想法，或在閱讀句子後不自覺感到煩躁的話，請在該項打勾，並試著立即執行信念破除術，破除限制性信念。金錢方面的限制性信念往往深藏於潛意識裡，自己都難以察覺。然而，藉由閱讀以下短句，各位將能輕鬆挖掘。

※譯註：佛教認為，眾生之煩惱共有108種，又謂為「百八煩惱」。

## 和金錢相關的限制性信念短句Ⅰ

□我討厭我自己／□我無法接受另一半的花錢方式／□我無法接納我的父母／□我想抹滅過往的自己／□每當孩子吵著想要某樣東西時，我都會想買給他／□我時常覺得自己快要一貧如洗，因而惴惴不安／□我認為好事發生後，一定會緊接著降臨壞事／□金錢是我任何事的衡量基準／□無論任何事情，若能忍一時海闊天空，我會選擇忍耐／□我在收到他人贈送、分送的禮物後，會不斷提醒自己記得回禮。

## 和金錢相關的限制性信念短句Ⅱ

□我不允許他人搶走自己應得的事物／□我認為自己其實是名自我中心、利己主義的人／□每當看到便宜的東西，即使不喜歡也會想買下／□我覺得自己的人生不過就是如此／□我總是想盡辦法拖延任何事／□我寧願故步自封地活著，也不願遭人責備／□我時常躲在人群裡，不希望受人矚目／□我總是懷疑他人的推薦是拐騙／□我不擅長整理／□我不擅長拋頭露面。

## 和金錢相關的短句Ⅲ

□我討厭任何需要花錢的事情／□無論任何物品，只要貼有特價貼紙，我就會想買下／□我希望能一直待在家裡／□惹怒他人時，我會感到自責／□因為總是努力不遲到或早退，所以看到他人做出這些舉止時，會倍感煩躁／□我看到他人不讀空氣時會不自覺勃然大怒／□即使心有不滿，我也會忍氣吞聲／□我希望任何事情都能有人來幫忙解決／□我休假日只想在家耍廢，什麼都不想做／□比起翻找，我更傾向直接購買新的，因此家裡有許多一模一樣的物品。

## 和金錢相關的短句Ⅳ

□我覺得自己一生和一百萬元永遠無緣／□我認為飲酒是不好的行為／□我不能接受為了喝酒應酬而晚歸／□我對孩子要零用錢的態度感到火冒三丈／□我憐憫孩子努力不懈卻無法取得成就／□我會因為他人不認可自己的努力而感到氣憤／□我對想買開運小物，卻遲遲下不了手的自己感到憤慨／□我不相信這世上有神明／□我認為這世上只有自己倍受虧待／□明明希望準時下班，卻總是害怕他人會對此反感。

## 和金錢相關的短句V

□我在意他人的成就勝過自己的成長／□我會撒謊婉拒所有的宴請／□我會忍讓特定的人／□我覺得自己隨時都能死去／□我老覺得自己錢不夠花／□我希望能不勞而獲／□我羨慕中樂透的人／□我覺得自己不過就是一介平民／□我覺得這世界十分不公平，有些人能安逸度日，有些人則嘗盡苦頭／□我想逃避努力。

## 和金錢相關的短句Ⅵ

□我覺得沒有人認可我／□有些人我一生都不能原諒／□我討厭打掃／□我希望能討人喜愛／□我覺得擁有個人電腦很浪費／□我不相信抽籤能抽到大吉／□我希望岳父母覺得我是好媳婦／□我希望能結交絕不背叛自己的摯友／□我覺得自己瘦不下來／□我無法接納自己的外表。

## 和金錢相關的短句Ⅶ

□挑選家用品時，我在意價格勝過設計／□我認為願望不可能會實現，所以我打從一開始就放棄許願／□當我認為自己不會獲得稱讚時，多數時候都會成真／□我認為免費至上／□我覺得家人應當首要考量我的意見／□我無法忍受家人不聽我的意見／□我覺得這世上存在絕對的幸福／□我認為這世上擁有全然的不幸／□我不相信任何人／□我不希望有人否定自己。

## 和金錢相關的短句Ⅷ

□我不想在電車上遇到怪人／□我會勉強自己吃下討厭的食物／□我覺得打電話給我的人很煩／□我無法決定自己喜歡什麼／□我無法忍受有人摔破碗盤／□我不允許自己出遊／□我無法在休假日拋下孩子率性出門／□我每天工作都會遇上討厭的麻煩事／□我沒機會從事任何嚮往的事情／□我無法在發自內心渴望交流的人的面前展現自己的優點。

## 和金錢相關的短句Ⅸ

□當他人交代我做出決策時，我無法自信十足地立下決定／□我無法持之以恆／□我害怕刷銀行存摺／□我害怕交換名片／□我害怕自己無法獲得他人的支持／□我覺得沒有人會答應我的邀約／□總是有事情來攪局我的夢想／□我總覺得每個人都討厭我／□我覺得吃得便宜比吃得開心重要／□我無法認可自己的長才。

## 和金錢相關的短句X

□我覺得自己不可能實現夢想／□我認為這世上沒有所謂的安心／□我害怕跨出舒適圈任何一步／□我認為自己追趕不上時間的流逝／□和他人相比，我覺得自己一無是處／□我覺得鐵定沒有人把我放在眼裡／□我不可能獲得他人的尊敬／□我覺得創業的人腦子都燒壞了／□我害怕辭去公務員的工作／□我害怕繳稅／□我無法清楚表明自己的意思／□我覺得透過網路發佈資訊十分麻煩／□我不擅長做紀錄／□我害怕挑戰／□我不希望在其他人面前暴露缺點／□我難以接受自己購買新東西／□我認為自己做不到任何感覺不可能的事／□我其實驕傲自恃。

Chapter

7

# 擺脫
# 「人際關係與戀愛方面的
# 限制性信念」！

## 「信念破除術」帶你遠離討厭的人事物

也有許多因為擁有人際關係上的煩惱，因此前來體驗Mind Block Buster，譬如說：

「希望能想辦法對付咄咄逼人的同事。」

「不知道是否該跟有冷暴力傾向的丈夫離婚。」

「因為太過顧慮他人的感受，每天都筋疲力盡。」

不過，在體驗完後，他們的人生都迎來了巨大的轉變——

「同事忽然調職了！」

「丈夫居然開始聆聽我的意見了！」

「我終於能表達自己了！」……

**會有這些蛻變，正是因為大部分的人都擁有「人際關係方面的限制性信念」。**

要說大部分人際關係上的煩惱大多源自於限制性信念，其實並不為過。正因如此，信念破除術往往能有效化解人際關係上的紛爭。

即便認為自己「不太與人起衝突，沒有任何人際關係方面的限制性信念」，生活中是否也會因為在意他人的眼光而無法坦率發表主見、對他人過度付出而筋疲力竭、無法取得他人的正面評價而喪失自信呢？

這些想法也同樣源自於「人際關係方面的限制性信念」。如同我後文的說明，事實上，「人際關係方面的限制性信念」會大肆阻撓我們邁向幸福。

因此，就讓我們趕緊從眼前的問題著手，一同破除限制性信念吧！

人際關係中最令人心煩意亂的問題，絕非身邊出現討厭的人莫屬。時常語帶攻擊的上司、討人厭的岳母、氣勢凌人的媽媽友、頑固的丈夫、懶惰的另一半等等，每個人的身邊肯定都有一、兩位「希望對方有所改變」、「希望離得愈遠愈好」的人。只是，即便我們希望改變對方，對方也絕對會依然故我。

**所以，我們只能改變自己。正確來說，我們只能透過信念破除術來改變自己的潛意識。**

操作方法一模一樣。

每當你覺得上司令人煩躁、媽媽友讓人厭煩時，立即執行一次信念破除術。之後，將會有兩種可能的情況發生。

**情況1：對方突然改頭換面**

**情況2：對方突然遠離你的生活**

或許討人厭的岳母將不再說出討人厭的話，又或者，上司將突然遭到調職。這些事情將會如實發生，相當不可思議。

其實，現今的人際關係狀態，正是你的潛意識和對方的潛意識化為現實的結果。因此，只要改變你的潛意識，人際關係肯定能有所轉變。

或許你會疑惑：「即使我改變了自己的潛意識，而對方並沒有改變他的潛意識，如此一來，關係還會發生變化嗎？」請放心。

## 你和對方的潛意識是相連的，所以絕對沒問題。

一旦你改變了自己的潛意識，對方的潛意識也會產生變化。相較之下，若是改變顯意識，就不會有如此結果，譬如，如果你向上司反抗：「請不要再對我惡言相向！」上司絕對只會罵你狂妄自大。

或許你會認為，和討厭的人之間潛意識居然相互連結有些令人作嘔。不過，無論多麼討厭的人，對你來說肯定都是必要的存在。正因為他對你的人生來說是「必要的」，所以他才會來到你的面前。

就如同我們無論報考幾間學校，最後都只能選擇一間就讀，上班族大多只能任職於一間公司，我們都只能擁有自己的人生，無法同時過上他人的人生。

所以，我們都必須建立必要的交友圈。

那些討厭的人，正是來告訴我們自己會厭惡什麼類型的人。

一般而言，假設你在公司遇上討厭至極的人，這些人自然會因身心狀況不適、遭逢裁員等因素，遠離你的生活。

**不過，一旦一個人擁有人際關係方面的限制性信念，往往會對討厭的人忍氣吞聲，最後反而一輩子都遠離不了他。因此，才需要透過信念破除術，讓自己和對方保持適當的距離。**

畢竟當你不再需要向這名討厭的人學習時，潛意識自然就會將這名討厭的人帶離你的生命。而執行信念破除術正是在加快這道程序。

## 潛意識類型不同，人際關係方面的限制性信念也不同

基本上和破除其他的限制性信念一樣，只要在心情煩悶時，執行信念破除術，就能逐漸擺脫人際關係方面的限制性信念。

而且，有趣的是，當你透過信念破除術化解對丈夫的氣憤後，你將可能得以在公司奪得眾人的崇拜；又或者，當你透過信念破除術化解對下屬的不滿情緒後，你將可能得以與戀人頻繁聯絡，或和他人逐漸要好。

只要透過信念破除術破除人際關係方面的限制性信念，你將能和各式各樣的人建立起良好的關係。是不是很令人期待呢？

另外，我們也可以利用前文提及的潛意識分類，來了解不同潛意識類型的人容易擁有哪些人際關係方面的限制性信念。明白以後，將能讓你在執行信念破除

術時更為輕鬆，就讓我來向各位一一介紹吧！

**日本人型**

□覺得自己不重要。
□想要獲得他人的認可。
□總是在意他人的眼光。
□我不希望遭人厭惡。
□無法表達自我。

潛意識屬日本人型的人往往容易在意他人的眼光。

這類型的人極度害怕「遭人厭惡」，以及「他人在背後指指點點」，因此總是下意識壓抑自己的情緒，配合他人。自我肯定力低，時常貶低自我，總是迫切渴望他人的認可。經常認為「人生就是一場修行」，而對一切不滿忍氣吞聲。

若你的潛意識屬日本人型，請在內心冒出「我總是在壓抑自我」、「我總是過度配合他人」、「我總是過度在意他人的評價」等想法時，多加執行信念破除術。

外國人型

□明確切分自己與他人的界線。
□總是讓人覺得難以接近。
□時常因太過理性而駁倒對方。
□經常在傷害他人之後後悔不已。
□下屬總是不願聽從指令。

潛意識屬外國人型的人總是高冷且理性。自我肯定力高，不太在意他人的眼光。認為派不上用場的東西總能立即斷捨離，因此常給人冷漠的形象。相對於日本人型和外星人型十分重視「親和力」，外國人型不僅說話單刀直入，也不讀空氣，容易導致他人對其敬而遠之。有些這類型的人雖然工作能力強，值得尊敬，卻不太討人喜歡，因此總是孤身一人。

若你的潛意識屬外國人型，請在內心冒出「感覺與他人頗有距離」、「總覺得有些寂寞」、「希望能更受人喜愛」等想法時，立即執行信念破除術。

## 外星人型

□經常因讀不懂空氣而遭人訓斥。
□時常成為眾所矚目的焦點。
□喜歡做些無厘頭的事。
□容易惹人生氣，因此總是內心惶惶。
□有時會突然討厭這世界的一切。

潛意識屬外星人型的人往往缺乏自信與安全感。防備心薄弱，經常遭人趁虛而入。

就本性而言，這類型的人容易不安地懷疑自己存在的價值，因此，總是希望自己能貢獻他人。

而且，即便這類型的人保持低調，仍容易引人注目。明明和同班同學說出一模一樣的話，卻更能吸引老師的注意。像這樣「不自覺在某個場合中脫穎而出」的人，即為潛意識屬外星人型的典型範例。

這類型的人認為缺乏貢獻即缺乏存在價值，因此經常只關心他人的需求，而忽略了自己。

最後，反而本末倒置，惹人堪憂，譬如因為永遠照顧不到自己，只能四處奔走，而變得悶悶不樂；把自己搞得筋疲力竭，而開始對一切厭煩，希冀遠離塵囂；甚至放棄為他人著想，開始推卸責任。

而且，這類型的人還容易感到「寂寞空虛」，無法喜愛真實的自己。我建議這類型的人可以執行一套練習，就讓我來向各位介紹吧！

## 外星人型專屬的「愛自己」練習

當你發現自己因為「無法討人喜歡」、「無法貢獻他人」而鬱鬱寡歡時……

## 步驟1

## 提問：「破除的象徵畫面是什麼？」

## 步驟2 想像破除的象徵畫面從頭到腳包裹住自己

在這個練習中，請想像破除的象徵畫面包覆住自己，而非像執行信念破除術一般，利用破除的象徵畫面取代限制性信念的象徵畫面。如果你破除的象徵畫面是一隻貓，就想像這隻貓緊裹著自己的身體。時常覺得內心空洞不已的人，也可以透過此方法，獲得更多安全感。

# 執行「信念破除術」，無能夫亦可成神之夫

家庭關係、婚姻關係雖同屬人際關係，維繫上卻更為困難。應該有許多已婚的人，認為這世上最讓人不爽的人就是丈夫了吧！

「他總愛反對我想做的事情。」

「我們是雙薪家庭，明明我工作也很累，他卻永遠不幫忙做家事。」

「他相當固執，總是不聽我說話，真令人生氣。」

「他襪子和垃圾總是亂丟，讓人看了相當煩躁。」

在執行Mind Block Buster的過程中，現場總是交織著許多對另一半的埋怨。不過，即便大家心懷不滿，也還是會因為覺得丈夫本性難移，而放棄與其爭論，但大家的內心仍會不自覺想發火。

**其實，只要執行信念破除術，對方就會改頭換面。**

改變的方式林林總總，有可能你的丈夫將開始主動幫忙做家事；或者，他將開始說些慰勞你的話；又或者，他將會自主完成份內的事。每個人都對信念破除術讚不絕口，因為它打造出如神一般的「神之夫」。

其實，外子之前也從不做家事。

過去，無論我們是否皆在職工作，主要的家事都是由我負責。不過，隨著Mind Block Buster協會的工作日益繁忙，我開始沒有心力應付家事。

我為此苦惱不已，甚至考慮委託家事代勞服務。

現在委託家事代勞服務十分稀鬆平常，但在當時，我相當抗拒這件事。

於是，我立即執行信念破除術，破除「想要委託家事代勞服務」這個願望背後的限制性信念。

同時，我也透過信念破除術，化解「我不喜歡做家事」、「雖然不喜歡做家事，但這個家也只有我能做」、「可是我忙得不可開交」、「真麻煩」等和家事有關的煩躁情緒。執行完後，我並沒有因此能夠瀟灑地預約家事代勞服務，反而是……外子提早退休，成為家庭主夫！

我從沒想過外子會開始幫忙做家事，但他似乎認為，這是對未來最好的選擇，我們夫妻之間的關係也因此瞬間好轉。是潛意識教導我，原來也可以透過這樣的方法解決煩惱。

再舉一則案例。

大約10年前，H女士抱著兩位小女兒前來體驗Mind Block Buster。「我希望失蹤1個多月的丈夫能趕緊回家。」H女士百般懊惱地說。據說當天他執行完信念破除術後不久，丈夫真的回到了家裡。如今多年過去，她的女兒已經成了高中生，他們也蓋了一棟新房子，過著幸福快樂的生活。

我並不知道當時的H女士擁有什麼樣的限制性信念。

不過，她的潛意識裡，肯定存在著「夫妻相處不和睦」的意念。

而在執行信念破除術之後，丈夫能夠回到她身邊，肯定是因為持續婚姻生活，對彼此來說都是通往幸福的最佳途徑。

**和其他關係相比，夫妻之間的「潛意識」連結更為緊密。**

因此，一方執行信念破除術後，另一方將能產生各式各樣的改變。這樣的例子可是不勝枚數。

## 「信念破除術」也能穩定戀愛關係

若想遇上完美的另一半，也可以交由「信念破除術」來幫助你。

許下這則心願時，內心肯定會不禁湧現出「絕對遇不上完美的另一半」、「我這麼胖，沒有人會想跟我交往」、「交往後就會失去自由」等負面情緒。此時，只要利用信念破除術破除這些想法背後的限制性信念，你將能與你的完美情人更為逼近。

**關鍵在於，你必須利用信念破除術逐一破除內心的限制性信念。**

意即利用信念破除術分別破除「絕對遇不上完美的另一半」、「我這麼胖，沒有人會想跟我交往」、「交往後就會失去自由」等想法背後的限制性信念。只要像這樣細分成好幾則小煩惱，分開處理，便能逐漸擺脫戀愛方面的限制性信念。

在此，有一點必須格外注意，那就是在你已經有喜歡的人，而你非常想和對方交往的情況下，利用信念破除術確實有機會幫助你和對方步入關係，不過也有可能因為你和對方的頻率不合，潛意識無法相連，因此招引了新的對象來到你的生命裡。請做好此心理準備再執行信念破除術。

若你已經和某位男生正式交往，但總覺得和他相處有些彆扭的話，也可以執行信念破除術。

或者，剛交往時，總會懷疑對方是否真的喜歡自己，單純像這樣因戀愛而感到煩悶時，也能夠執行信念破除術。

**當自己拋出任性的話，或者故意鬧脾氣不回對方LINE訊息時，也請在事情變得一發不可收拾之前執行信念破除術。**

此時，請利用信念破除術逐一破除「自己居然說出這種話」、「自己居然會故意不回 LINE 訊息」等自責背後的限制性信念

當然，心中懷有「希望對方重視我」、「希望對方向我求婚」等期盼時，也可以藉由信念破除術來達成心願。猶豫是否該和對方分手時，信念破除術也能夠助你一臂之力。

曾經有一名Ｊ小姐，因為不知道是否該和同居的男友分手而煩惱不已，因此前來體驗 Mind Block Buster。

和男友晃晃悠悠同居了好幾年的Ｊ小姐非常渴望將來能結婚生子，然而，她始終認為這位與她同居的男友「並不是對的結婚對象」，但她就是無法提分手。

因此，我請她逐一針對內心湧現的情緒實施信念破除術。

「想和對方分手」→執行信念破除術

「害怕恢復單身」→執行信念破除術

「如果遇不上新的對象該怎麼辦？」→執行信念破除術

「或許他會變回原先溫柔的模樣」→執行信念破除術

當天不久後，我接到了J小姐的電話。

她在電話裡說：「其實那天之後，我提著手提行李回到了老家。突然間，分手的念頭彷彿醍醐灌頂，我的心情也因此舒暢了許多！」

**只要執行信念破除術，潛意識便會帶領你朝著最適合你的人生方向邁進。**

無論是因對方出軌而不知所措，或是猶豫該不該離婚，當你遇上任何無法得出結論的情況時，只需要破除煩悶心情背後的限制性信念，你就能找到解決辦法。也許當下的結果並不符合你原先的期望，但之後回頭思考，你會發現這是最正確的選擇。

## 一網打盡108種「人際關係方面的限制性信念」

截至今日，我傾聽了許多人的煩惱。在這之中，我發現「人際關係方面的限制性信念」可以大致分為三種類型——

- **「過度在意他人的眼光」，總是思考自己做了某事後他人會如何看待。**
- **「過度顧慮他人的心情」，總是強迫自己忍氣吞聲、配合別人。**
- **「渴望獲得他人的認可」，永遠提不起自信。**

如同前章，我準備了108句和人際關係方面的限制性信念相關的語句，並依循上述的三大類型分門別類。

請依循直覺勾選符合自己的語句，避免深入思索。接著，試著執行信念破除術，破除這些想法背後的限制性信念。

## 與「過度在意他人的眼光」相關的限制性信念語句

□我討厭我自己／□我老是在意另一半的缺點／□我無法接納我的父母／□我想抹滅過往的自己／□我時常想起童年不好的回憶／□我經常不自覺嘆氣／□我認為好事發生後，一定會緊接著降臨壞事／□我總是受雜聞秀和八卦雜誌的標題吸引／□我覺得退一步能海闊天空／□我在社群上看到他人的發文後會不自覺感到自卑／□我無法勇於舉手發言／□我需要有人主動開啟話題／□我總是優柔寡斷／□我覺得我的人生不過就是如此／□我總是想盡辦法拖延任何事／□我希望每天都能平安無事／□我時常躲在人群裡，不希望受人矚目／□我老是不自覺注意特定的人的動向／□我不擅長整理／□我相當在意社群貼文的讚數與留言／□比起能力可及之事，我更在意自己能力不足的地方／□我希望能一直待在家裡／□

我時常覺得他人的憤怒是自己引起的／□我會強忍眼淚／□我不擅長接受他人的讚美／□即便心有不滿，我也會忍氣吞聲／□我希望任何事情都能有人來幫忙解決／□每到星期天傍晚，只要想到隔天要上班，就會悶悶不樂／□我的童年並不幸福／□我總是錯過向他人道謝的時機／□我總是將想說的話吞回肚裡／□我出門總是拚命購買要分送他人的土產／□我無法信任巧言善辯的人／□我認為努力不求回報是件偉大的事／□我覺得沒有人認可我的努力／□我和他人見面時總是習慣帶上伴手禮或點心／□我不擅長搭話／□我覺得這世上只有我倍受虧待／□明明希望準時下班，卻因為在意他人眼光而加班／□我不擅長在別人面前露面。

## 與「過度顧慮他人的心情」相關的限制性信念語句

□我非常在意他人成功與否／□我會撒謊婉拒所有的宴請／□我會忍讓特定的人／□我覺得自己隨時都能死去／□我不希望孤獨地死去／□我不想付出努力／□我希望能不勞而獲／□我認為人際關係不過就是一種資源／□我覺得自己不過就

是一介平民/□我覺得這世界充滿不公平/□我覺得沒有人認可我/□有些人我一生都不能原諒/□我現在就已經在不停擔憂，如果未來需要他人照護，會造成他人的困擾/□我希望能討人喜愛/□「好麻煩」、「好累」是我的口頭禪/□我喜歡在書店白看書和雜誌/□我希望岳父母覺得我是好媳婦/□我不想和處在叛逆期的孩子發生爭執/□我盡量不發表自己的意見/□我對挑戰不感興趣/□我不擅長說明/□我認為願望不可能會實現，所以我打從一開始就放棄許願/□當我認為自己不會獲得稱讚時，多數時候都會成真/□比起他人的成功，我對他人的失敗更感興趣/□和他人共處一室時，我總會下意識察言觀色/□我無法自在地用言語表達我的心情/□我覺得自己絕對不可能幸福/□我覺得自己非常不幸/□我無法相信任何人/□我不希望有人否定自己/□我不喜歡等人/□我對食物沒有明顯的好惡/□我不擅長掛人電話/□我無法決定自己喜歡什麼/□我在吃飯時，時常因為在意周遭的人，而品嚐不出食物的味道/□我自從成為大人後，就再也沒有打從心底開心地玩樂過了/□即便是休假日，我也毫無休息的感覺/□我每天工作都會遇上討厭的麻煩事/□我覺得我一生都找不到嚮往的目標

／□每到睡前，我都會無止盡地後悔今天的疏失。

## 與「渴望獲得他人的認可」相關的限制性信念語句

□我總是下不了決定／□我無法持之以恆／□我總是希望有人能幫我安排行程／□我害怕交換名片／□我覺得沒有人喜歡我／□我覺得沒有人會來參加我舉辦的聚會／□我時常覺得有人來攪局我的人生／□我總覺得每個人都討厭我／□吃飯時，我習慣將喜歡的菜留到最後再吃／□我無法認可並向他人展現自己的長才／□我覺得自己不可能實現夢想／□我認為這世上沒有所謂的安心／□我害怕跨出舒適圈任何一小步／□我經常遲到／□和他人相比，我覺得自己一無是處／□我覺得鐵定沒有人把我放在眼裡／□每當他人不回信時，我都會覺得自己沒有存在的價值／□每當他人取消關注我的社群時，我都會覺得他人在否定自己／□無論加入哪個群體，我都會覺得自己被排擠在外／□我其實驕傲自恃／□我無法清楚表達自我／□我有時候會討厭世上的一切，想要從這世上消失／□我時常會想像自己如果離家出走的話，會不會有人來找我？／□我只要想到過完生日，年紀又要增長一歲，就會鬱鬱寡歡／□我不希望在他人面前暴露缺點／□我常常很快就在心裡覺得某件事不可能／□我可以舉出很多自己的缺點／□我覺得沒有人會尊敬我。

## 任何煩惱都能透過「信念破除術」解決

前幾章中，我們了解到如何將信念破除術運用在夢想、金錢、人際關係等各式各樣的層面。事實上，信念破除術適用的範圍不僅如此，它甚至可以化解所有煩惱。

減重就是其中一個例子。有許多人都利用信念破除術順利控制了食慾，成功瘦身。

渴望減重的讀者，肯定都有在不知不覺中吃太多的經驗吧！愈是渴望瘦身，愈容易吃下更多的食物，這相當符合潛意識的運作規則。

前文再三說明，內心懷有渴望時，潛意識會冒出反對的聲音，告訴你現在未能如願以償。因此，愈是渴望瘦身，潛意識裡「你現在並不瘦」的聲音就會愈來愈大聲，最後化為現實。

因此，請在每次渴望瘦身時執行信念破除術。

而每次執行時，出現的限制性信念象徵畫面與破除象徵畫面完全截然不同也沒關係。因為每執行一次信念破除術，就會改變一次潛意識。昨天針對減重執行信念破除術的你，和今天針對減重執行信念破除術的你，是兩個完全截然不同的個體。因此，希望各位都能帶著嶄新的心情，執行信念破除術。

當你懷有「渴望整理環境，卻始終抽不出時間」的煩惱時，也可以利用信念破除術幫助你化解困擾。

執行之後，你將有可能抽出時間自行整理；或者，家人將可能動手幫你整理；甚至，你有可能就此搬到不用頻繁整理的大房子去。

利用信念破除術改善壞習慣，譬如「擺脫愛遲到的習性」、「養成早睡早起的習慣」、「減少掉東西的頻率」等，效果也十分驚人，請各位務必也試試。

# 結語

感謝各位選了這本書，並閱讀到了這裡。

終於有機會向各位公開我這11年來只在「Mind Block Buster培訓講座」中傳授的內容。

藉由信念破除術，破除潛意識裡的限制性信念，將能帶你擺脫討厭的人事物，實現夢想和願景。各位在明白這套「Mind Block Buster」療癒法的發展過程及實際作法之後，有什麼感想呢？

是否有試著將信念破除術運用在一、兩件事情上看看呢？

透過這樣的形式公開信念破除術的作法其實是有原因的。

以前，人們的價值觀主要建立於家庭、地方等狹小區域內的「常識」之上。而現今網路無遠弗屆，全世界都能藉此往來聯繫，上述的時代早已劃下了句點。

只是，在此同時，卻有許多人因資訊氾濫而暈頭轉向、因言語暴力而痛不欲生；還有人在認識他人之前就開始胡思亂想，導致最終恐懼作祟，而選擇關上心房，拒絕與人往來；更有人濫用網路的匿名性，抱持著開玩笑的心態，發佈冷血傷人的言論，實在是令人痛心。

我非常喜歡與人交流。日常生活中，我也始終貫徹著信念破除術。而在執筆的當下，由於病毒肆虐，海外旅行和國內團體群聚都變得十分困難。我們本來就已經處在一個灰心喪志、消極失意的世界裡了，如果還在難得懷有夢想、渴望積極挑戰目標時，自輕自賤的話，豈不是太可惜了！

若公開Mind Block Buster這套療癒法，能讓某個人發現，原來透過如此簡單的方法，就能重整心情，並拋開阻礙夢想的枷鎖，跨越屏障邁向嶄新挑戰的話，將會是我莫大的榮幸。

未來，當你感受到任何一丁點煩躁時，就請翻開此書，並試著放輕鬆執行信念破除術。

你也可以憑直覺翻開書中的任意一頁，當有同感的句子出現時，就執行一次信念破除術，如此一來，便能輕鬆破除一則限制性信念。

希望各位能像這樣，隨時隨地、輕鬆自在地使用這本書。

二〇二一年秋 栗山葉湖

Profile

## 栗山葉湖

日本Mind Block Buster協會代表

1967年生，日本東京人。1990年神奈川大學外國語學部畢業。曾於橫濱市擔任中學教師，任職過3間中學、2間特殊教育學校，教職生涯總計20年。自2008年起因興趣而接觸起許多療癒法，並出席工作坊及講座，取得講師資格。
2009年11月，基於當時對療癒法的疑問，獨立開發出「Mind Block Buster」療癒法，在體驗者的口耳相傳之下，從社群間博得人氣，渴望體驗的民眾自國內外蜂擁而至。2010年辭去教職，展開Mind Block Buster培訓講座。2012年3月，講座畢業生總計超過1萬人，Mind Block Buster體驗者總計超過10萬人。許多體驗者都津津樂道：「所有煩惱都一哄而散！」、「所有願景都如願以償！」、「人生否極泰來！」。

一般社團法人 日本Mind Block Buster協會
http://www.mindblock-buster.jp/

設計／白畠かおり
插畫／森ゆみ子
構成・編集／御友貴子



**3分鐘消滅煩惱、改變人生的**
**「信念破除」法！**

出　　版／楓書坊文化出版社
地　　址／新北市板橋區信義路163巷3號10樓
郵政劃撥／19907596　楓書坊文化出版社
網　　址／www.maplebook.com.tw
電　　話／02-2957-6096
傳　　真／02-2957-6435
監　　修／栗山葉湖
翻　　譯／曾玟閎
責任編輯／黃穫容
內文排版／楊亞容
港澳經銷／泛華發行代理有限公司
定　　價／380元
出版日期／2025年4月

國家圖書館出版品預行編目資料

3分鐘消滅煩惱、改變人生的「信念破除」法！/ 栗山葉湖作；曾玟閎譯. -- 初版. -- 新北市：楓書坊文化出版社, 2025.04　面；　公分
ISBN 978-626-7548-74-5（平裝）
1. 潛意識 2. 自我肯定 3. 自我實現 4. 生活指導
176.9　　114002207